3

5

10

14

TARIF PARKIR
MOTOR
2.000
MOBIL
5.000
BUS
10.000

17

19

VILLA MONDESSIR

VILLA
" TRIJUGO 2 "
TRIJUGO 2

27

33

RRI
RRI

42

PINTU MASUK
TAMAN WISATA KALIURANG

DILARANG
KAMI MENOLAK
KERUSUHAN

PANGGUNG SENI KALIU
BANK BPD DIY

45

47

51

57

Introduction

Desa Kaliurang, yang merupakan subjek buku ini, terletak di kaki Gunung Merapi, di ujung utara Daerah Istimewa Yogyakarta – Indonesia. Pada ketinggian kurang lebih 900 meter di atas permukaan laut, lingkungan alam yang indah serta iklim yang sejuk membuatnya menarik bagi wisatawan lokal dan kelompok pelajar untuk melakukan retret akhir pekan serta kegiatan sosial lain di Kaliurang. Meskipun tampak tenang dan ramah dalam setiap aspek, desa itu hidup berdampingan dengan realitas geologis berupa bencana alam yang terus menerus membayangi. Kaliurang secara resmi ditetapkan sebagai kawasan rawan bencana, dan aktivitas Gunung Merapi terus dipantau dari pos pengamatan yang berada di tengah desa ini. Bagi penduduk lokal, 'siap siaga'— saat kode bahaya mencapai titik yang mengkhawatirkan, merupakan sikap yang dijalani sehari-hari. Di setiap perempatan, Anda dapat menemukan rambu bertuliskan "Jalur Evakuasi" dengan anak panah yang menunjuk ke arah mana Anda harus menyelamatkan diri jika mendadak terjadi erupsi. Gunung Merapi [secara harfiah berarti 'Gunung Api' dalam bahasa Indonesia maupun bahasa Jawa] disebut sebagai gunung berapi paling aktif di Indonesia. Gunung ini

The village of Kaliurang, the subject of this book, is situated in the northernmost tip of the special region of Yogyakarta, Indonesia, on the slope of the Merapi volcano. At an altitude of approximately 900m, the beautiful, natural environment and the generally cooler climate of Kaliurang attracts local tourists and groups of students for weekend retreats and social activities. Although the village appears in every aspect calm and friendly, it coexists with the persistent geological reality of looming natural violence. Officially declared a disaster area, the activity of Mount Merapi is continuously monitored from the observatory in the centre of the village. For the local inhabitants, 'standby', the moment at which the hazard code reaches a point of concern, is an everyday modus. In every intersection of the village you can find signs saying "Jalur Evakuasi" [evacuation route] with an arrow pointing to the direction in which you should flee in case of a sudden eruption. *Gunung Merapi* [literally 'Fire Mountain' in Indonesian and Javanese] is said to be the most active volcano in Indonesia. It erupts on average every

mengalami siklus erupsi setiap lima sampai sepuluh tahun dan banyak ditakuti karena awan panas serta aliran piroklastik yang mematikan kerap menyisakan sebuah lanskap tak bernyawa yang nampak surealis dengan selubung warna kelabu yang menyelimuti seluruh permukaan.

Berhadapan dengan kekuatan nyata gunung berapi yang terus-menerus telah menjadi bagian dari budaya lokal dan kehidupan sehari-hari selama berabad-abad, serta tercermin dalam kehidupan spiritual banyak orang Jawa yang tinggal di sekitarnya. Salah satu contohnya adalah peran penting simbolisme kosmologis gunung Merapi dalam fondasi dan rancangan tata kota Yogyakarta; terbentuknya garis poros imajiner Utara-Selatan yang sakral antara puncak Gunung Merapi, Kraton Yogyakarta, dan Laut Selatan. Selain itu, dalam mitologi Jawa, Gunung Merapi dan Lautan Selatan dianggap sebagai kerajaan berdaulat yang kuat sehingga Sultan Yogyakarta harus menjalin perdamaian demi terjaganya kemakmuran. Kaliurang dikenal sebagai salah satu gerbang menuju kerajaan Gunung Merapi, hal ini menyebabkan banyak makhluk halus pelindung alam maupun hantu bermunculan di desa ini. Be-

five to ten years and is feared for its deadly pyroclastic clouds that leave behind a lifeless and surreal landscape coloured in the same grey shades as its peak.

Coping with the power of the volcano's persistent reality has been part of local culture and everyday life for centuries and resonates in the spiritual life of many Javanese living nearby. One example is the significant role the the volcanos' cosmological symbolism plays in the foundation and the design of the urban plan of Yogyakarta; forming a sacred North-South axis line between the peak of Mount Merapi, the Keraton [Sultan's palace] and the Southern Ocean. Moreover, in Javanese mythology both Mount Merapi and the Southern Ocean are considered powerful sovereign kingdoms to which the Sultan of Yogyakarta has to offer peace in order to keep prosperity. Kaliurang is known as one of the main portals to the kingdom of Mount Merapi, which is why many deities and protector spirits as well as bad-natured ghosts appear in the village. Some of them reside in the abandoned colonial bunga-

berapa dari mereka tinggal di bungalow kolonial yang telah terabaikan. Makhluk-makhluk halus ini menyimpan kisah-kisah masa lalu yang mengingatkan masyarakat setempat tentang peristiwa tertentu, sehingga membentuk laku kolektif masyarakat. Sudah menjadi rahasia umum jika hubungan antara Gunung Merapi dengan makhluk halus pelindung alam tidak boleh diganggu karena akan menentukan arah aktivitas gunung tersebut.

Kesadaran kolektif atas tempat-tempat keramat, seperti Gunung Merapi, berfungsi untuk melindungi masyarakat lokal dari bencana dengan cara memahami dan menghormati ekologi serta alam itu sendiri sekaligus menghindari bentuk-bentuk ekstraksi dan eksploitasi. Sebaliknya, bagi penjajah, gunung berapi dipandang sebagai peluang dan objek penelitian ilmiah, yang dapat dipelajari dan dipantau dengan instrumen teknologi untuk memahami serta memprediksi perilakunya. Keunggulan sains modern yang diasumsikan muncul dalam bentuk observasi, statistik, dan inovasi teknologi membantu melegitimasi, dalam arti yang lebih luas, proyek perampasan yang dilakukan penjajah, ekstraksi dan kapitalisasi sumber daya alam beserta proses produksi. Namun,

lows. They embody stories of the past and remind the local people of certain events, forming the collective conscience of the community. It is common knowledge that the relationship between Mount Merapi and these protector spirits and ghosts, should not be disturbed for it determines the destiny of the volcano's activity.

The collective awareness for sacred places, such as Mount Merapi, serves to protect the local people against natural disasters by understanding and respecting its natural ecology, as well as nature itself, against forms of extraction and exploitation. In contrast, to colonizers the volcano was seen as a place of opportunity and an object for scientific research, one that could be studied and monitored with technological instruments in order to understand and predict its behavior. The assumed superiority of modern science through observation, statistics, and technological innovation helped to legitimize, in a broader sense, the colonial project of appropriation, extraction and capitalization of natural resources and production processes.

pada pergantian abad kesembilan belas, kekuasaan kolonial tidak hanya dijalankan melalui kepercayaan yang menggebu-gebu akan kemajuan dan modernitas, namun juga digunakan sebagai sarana untuk melawan tradisi, kepercayaan dan nilai-nilai lokal, di saat yang sama juga dimainkan di arena politik, guna memperkuat cengkeraman serta mengurangi kekuatan penguasa dan pemimpin lokal. Lebih jauh, pada kehidupan sosial, kekuasaan kolonial dijalankan dalam bentuk misi peradaban, panggilan moral atau "etis" untuk membawa peradaban Barat (pendidikan, perawatan medis, infrastruktur, dll) ke daerah jajahan, yang diterapkan dalam bentuk-bentuk kontrol dan pemerintahan atas penduduk lokal. Proses modernisasi dan penguatan pemerintahan kolonial tampak jelas dalam pengaturan ruang pada daerah jajahan juga, dalam bentuk kepemilikan dan penggunaan properti; arsitektur, dan perancangan kota; serta pengenalan strategi rancangan modernis yang mencakup wacana kebersihan, zonasi, dan rasionalisasi proses produksi dan konstruksi.

Dibangun sebagai resor kesehatan dan liburan untuk warga kolonial Belanda kelas menengah di tahun 1920-an, Kaliurang me-

However, at the turn of the nineteen century, colonial power was not only exercised through the unbridled belief in progress and modernity, used as an objective means to oppose local traditions, beliefs and values, but it was also played out in the political arena, in which a stranglehold increasingly diminished the power of local sovereigns and leaders. Furthermore, on a social level colonial power was exercised in the form of a civilization mission, a moral or „ethical" vocation to bring Western civilization (education, medical care, infrastructures, etc) to the colony, which implemented further forms of control and governance over the local population. These processes of modernization and intensified colonial rule became visible in the spatial organization of the colony as well, in the forms of ownership and property use; architecture, city planning and urban engineering; and the introduction of modernist design strategies embracing ideas of hygiene, zoning, and the rationalization of production and construction processes.

rupakan studi kasus yang menarik dalam hal tata ruang, struktur kolonial — berupa tata letak dan arsitekturnya — hampir tetap utuh dan terus berpengaruh pada kehidupan sehari-hari. Saat ini pemahaman umum tentang berbagai warisan masa lalu, baik dalam tradisi lokal maupun warisan kolonial, semakin terjalin menyatu. Hal-hal ini memiliki peran dalam konflik seputar pertumbuhan pariwisata dan proses gentrifikasi dengan kualitas dan kesinambungan cara hidup lokal. Buku ini kemudian akan membahas hal-hal tersebut, yang merupakan hasil dari penelitian artistik dan arsitektural yang ekstensif di desa Kaliurang dengan tujuan untuk memahami efek transformatif spasial atas globalisasi dan pembentukan cagar budaya dalam skala lokal secara kritis. Pokok penelitian yang disajikan melihat secara khusus pada bungalow kolonial — tentang apa yang bisa mereka ceritakan?— dan cerita di sekitar mereka, mempertanyakan bagaimana mereka digunakan di masa lalu, apa fungsinya di masa kini, serta apa yang bisa mereka tunjukkan di masa depan. Dengan demikian, buku ini berupaya untuk mempertimbangkan sejarah kolonial desa, sekaligus memunculkan suara, cerita, dan kearifan lokal yang kerap

Built as a health and holiday resort for the Dutch colonial middle class in the 1920's, Kaliurang is an interesting case study in the respect that its spatial, colonial structures — its layout and architecture — have remained virtually intact and subsequently continue to have an effect on everyday life. Today the broader notions of different legacies of the past, both in local traditions and colonial heritage, are increasingly intertwined. They play a role in the conflicts around growing tourism and gentrification processes versus the quality and continuity of local ways of life. This book then, addresses these processes and is the result of extensive artistic and architectural research on the village of Kaliurang, aiming to critically understand the spatial transformative effects of globalisation and heritage formation on a local scale. The body of research presented looks specifically at the colonial bungalows — what can they tell?—, and the stories around them, questioning how they were used in the past, what their function is in the present and what they can represent in the future. In doing so, this book

dikesampingkan oleh kehadiran bentuk-bentuk produksi pengetahuan Barat yang lebih menonjol.

Proyek penelitian *What Bungalows Can Tell* dimulai sebagai bagian dari edisi kedua *biennale* 900mdpl dengan judul Hantu-Hantu Seribu Percakapan yang berlangsung pada Oktober 2019 di Kaliurang. 900mdpl adalah proyek seni yang terikat pada situs spesifik, yang diselenggarakan oleh Mira Asriningtyas dan Dito Yuwono (LIR) sebagai bagian dari warga lokal, dengan menawarkan ruang dan kemungkinan praktik seni berbasis penelitian sebagai upaya pelestarian dan transmisi memori transgenerasi. Sebagai upaya untuk mengantisipasi potensi hilangnya ingatan serta pengetahuan komunal akibat bencana vulkanik di masa depan, *biennale* ini memiliki tujuan utama untuk membuat arsip visual Kaliurang dengan mengumpulkan mitos, kearifan lokal, cerita, dan sejarah alternatif dari situs tersebut. *What Bungalows Can Tell*, berhutang banyak pada interaksi dan kolaborasi yang dinamis dengan anggota komunitas lokal Kaliurang, serta mencoba untuk berkontribusi pada tujuan *biennale* ini dengan membuka perspektif dan pembacaan yang berbeda atas desa tersebut dengan

seeks to take into account the colonial history of the village, while at the same time bringing to the fore the voices, stories and local wisdoms often eclipsed by more prominent forms of Western knowledge production.

The research project *What Bungalows Can Tell* started as part of the second edition of the 900mdpl biennale, titled *Hantu-Hantu Seribu Percakapan* [Ghosts of a Thousand Conversations] which took place in October 2019 in Kaliurang. 900mdpl is a site-specific art project, organized by locals Mira Asriningtyas and Dito Yuwono (LIR), offering space and possibilities for research-based art practices while assisting in preservation and transmission of transgenerational memory. Anticipating the potential loss of communal memory and knowledge by future volcanic outbreaks, the biennale's primary aim is to create a visual archive of Kaliurang by collecting myths, local wisdoms, stories, and alternative histories of the site. *What Bungalows Can Tell*, owes much to the vibrant interactions and fruitful collaborations with members of the local community of Kaliurang, and tries to contribute to the

cara menyatukan berbagai mitos, kearifan lokal, cerita, dan sejarah alternatif dari situs guna menyoroti alternatif asosiasi dan makna, baik pemahaman pada jaman dulu maupun sekarang. ¶

biennale's aim by opening up different perspectives and readings of the village and bringing them together in order to highlight alternative associations and meanings, both of past and present understandings. ¶

Di Antara Sejarah (Cerita) Bangunan Tua

The Hi(story) in Between Old Buildings

Brigita Murti

„Tempat apa ini? Apakah ini situs konservasi? Sekilas tampaknya membuat saya berpikir bahwa ini bukan.“ Pertanyaan spontan itu dilontarkan oleh teman saya, seorang mahasiswa arsitektur dari Jepang, ketika mengunjungi beberapa tempat konservasi di Yogyakarta. Saat itu, kami sedang mengikuti workshop mengenai pelestarian cagar budaya yang berkaitan dengan arsitektur. Kami berkesempatan mengunjungi beberapa situs yang dilindungi pemerintah, karena berstatus „Bangunan Cagar Budaya“. Selain mengunjungi tempat-tempat yang lebih dikenal, seperti *Kotagede* (kota tua bekas ibukota Kesultanan Mataram), *Malioboro* (jalan yang dibangun sebagai poros imajiner antara Pantai Selatan, Keraton Jogja dan Gunung Merapi) dan *Kotabaru* (kawasan kolonial Belanda), yang merupakan tujuan wisata yang lebih populer, kegiatan ini juga memungkinkan kami untuk pertama kalinya menginjakkan kaki di daerah-daerah yang memiliki sejarah kerajaan, seperti *Imogiri* (kompleks kuburan kerajaan), *Pakualaman* (area istana atau Puro Pakualaman milik Pangeran Paku Alam yang berada di dalam Kesultanan Yogyakarta), dan *Dalem Jeron Benteng Mangkubumen* (kawasan sekitar Jeron Benteng yang diberikan kepada kerabat Keluarga Keraton). Teman saya mengungkapkan rasa penasaran ini saat kami berjalan di sekitar Kotabaru. Dia agak bingung seperti apa seharusnya kawasan konservasi di Yogyakarta, karena menurutnya situs yang kami kun-

gbr. 1
fig. 1

“What is this place? Is it a conservation site? A first glance makes me think that it is not.” A spontaneous question posed by my friend, an architecture student from Japan, while visiting several conservation sites in Yogyakarta. At the time, we were enrolled in a workshop concerning the preservation of cultural heritage related to architecture. We had the opportunity to visit several government protected sites, because of their status as a “Heritage Building”. Besides visiting more familiar sites, such as *Kotagede* (an old city of the former capital of the Sultanate of Mataram), *Malioboro* (a road that was constructed as an imaginary axis between the South Coast, the Jogja Palace and Mount Merapi) and *Kotabaru* (a Dutch colonial neighborhood), which are more popular tourist destinations, this activity also allowed us to set foot for the first time in areas with royal histories, such as *Imogiri* (a royal graveyard complex), *Pakualaman* (a minor Javanese princely state within the Sultanate of Yogyakarta), and the *Dalem Jeron Benteng Mangkubumen* (an area around Jeron Benteng given to the Royal Family’s relatives). My friend expressed this curiousity as we walked around Kotabaru. She was quite confused as to what conservation areas in Yogyakarta should have looked like, because to her the sites we visited did not seem outstanding, but rather ordinary and very much part of everyday life.

jungi tidak tampak istimewa, melainkan biasa dan menjadi bagian langsung dari kehidupan sehari-hari. Kebingungannya menyadarkan saya bahwa banyak orang di Yogyakarta sebenarnya tidak mengetahui situs cagar budaya, apalagi sejarah di baliknya, tetapi juga bahwa hal ini sedikit banyak bisa menjadi keuntungan.

Selain menghadirkan bangunan itu sendiri beserta area sekitarnya, situs cagar budaya yang kami kunjungi juga menyajikan hal lain; kehidupan yang terjadi di dalamnya. Orang-orang masih tinggal dan bekerja di bangunan-bangunan ini, mereka menggunakannya meskipun bangunan tersebut berstatus bangunan cagar budaya. Jika dibandingkan dengan situs cagar budaya di negara lain, ini berbeda dari biasanya karena di negara lain situs cagar budaya umumnya diisolasi dari kehidupan sehari-hari dan diperlakukan sebagai material testimoni masa lalu yang kokoh. Bangunan tersebut mendapatkan perlakuan khusus berkaitan dengan konservasi bangunan, dengan ukuran yang sangat ketat terkait pemeliharaan dan pelestarian nilai budaya dan sejarah, seolah-olah menjadi objek yang dipamerkan di museum. Sebaliknya, Kotagede misalnya, menunjukkan adanya hidup yang berdampingan antara situs cagar budaya dan lingkungan sekitar lihat gbr. 1. Dengan arsitektur bergaya Belanda dan tradisional Jawa sebagai latarnya, penduduk setempat menjalankan aktivitasnya sehari-hari tanpa terganggu dengan banyaknya wisata-

Her confusion made me realize that many people in Yogyakarta are actually not aware of heritage sites, let alone the histories behind them, but also that this, in a way, could be an advantage.

Besides revealing the buildings themselves as well as the areas they were situated in, the heritage sites we visited also presented something else; the life that takes place in them. People are still living and working in these buildings, they use them despite their official predicate as cultural heritage. When compared to cultural heritage sites in other countries, this is rather exceptional, because there, heritage sites are usually isolated from everyday life and treated as solidified material testimonials of the past. They undergo special treatment in relation to building conservation, with very strict measurements regarding the maintenance and preservation of cultural and historical values, as if they are an object on display in a museum. In contrast, *Kotagede* for example, shows a lively coexistence somewhere between a heritage site and a local neighborhood see fig. 1. With Dutch and traditional Javanese style architecture as a backdrop, the local residents carry out their daily activities, undisturbed by the many tourists visiting and taking pictures, as if they are part of the show. Another example is that of the houses in the area of *Dalem Jeron Benteng Mangkubumen* see fig. 2.

wan yang berkunjung dan berfoto, seolah menjadi bagian dari tontonan. Contoh lainnya adalah rumah-rumah di area Dalem Jeron Benteng Mangkubumen lihat gbr. 2. Dahulu, kawasan ini dibangun sebagai tempat tinggal kerajaan yang bernama *Dalem Kadipaten*. Saat ini, beberapa bangunan di kompleks Dalem Mangkubumen digunakan oleh Yayasan Mataram untuk menyelenggarakan program pendidikan bagi Universitas Widya Mataram. Seiring berjalannya waktu, masyarakat yang tinggal di dalam dan sekitar area tersebut mulai membangun rumah tanpa izin, yang perlahan mengubah formasi situsnya. Kediaman kerajaan sudah tidak terlihat lagi, tetapi di balik rumah-rumah tersebut masih terdapat sisa-sisa masa lalu yang tersembunyi: sebuah kolam renang yang pernah menjadi bagian darinya.

gbr. 2
fig. 2

Bangunan Cagar Budaya mengalami proses degradasi dari waktu ke waktu, yang mengarah pada situasi di mana bangunan tersebut tidak dapat memenuhi tujuan awal pembangunannya. Jika hal ini terus berlanjut, bangunan tersebut akan menjadi tua dan rusak, dan pada akhirnya akan dibongkar atau runtuh dengan sendirinya. Ketika tidak ada bentuk dukungan atau sarana keuangan untuk memulihkan bangunan cagar budaya, mereka dibiarkan hancur, membuka jalan untuk pembongkaran yang sebelumnya tertunda dan pembangunan perumahan baru. Hal ini membawa kita pada salah satu isu inti dalam politik pemben-

Once, this area was built as a royal residence formerly called *Dalem Kadipaten*. At present, several buildings in the *Dalem Mangkubumen* complex are being used by the Mataram Foundation to organize education programmes for the University of Widya Mataram. As time went by, people living in and around the royal residential area built houses without permission, slowly changing the formation of the site. The royal residence is not visible anymore, but behind the houses still lies a hidden remnant of the past: the swimming pool that was once part of it.

Cultural Heritage Buildings undergo a process of degradation over time, leading to a situation in which they are unable to fulfill the purpose for which they were built. If this continues, the building will become old and deteriorate, and will eventually be demolished or collapse of its own accord. When there are no forms of support nor financial means to restore heritage buildings, they are simply left to crumble, making way for pending demolition and new real estate developments. Which brings us to one of the core issues within the politics of heritage formation in Indonesia: who is responsible for Cultural Heritage Buildings? And, coming back to the question my friend posed, while wondering why certain places are conservation sites, she might well also have asked: what makes a building and/or

tukan cagar budaya di Indonesia: siapa yang bertanggung jawab atas Bangunan Cagar Budaya? Dan, kembali ke pertanyaan yang diajukan teman saya, sambil berandai-andai mengapa tempat-tempat tertentu merupakan situs konservasi, ia mungkin juga bertanya: apa yang menjadikan sebuah bangunan dan / atau situs sebagai objek konservasi dan cagar budaya? Siapa yang berhak atau memiliki kuasa untuk memilih objek-objek ini (atau malah membiarkannya rusak)? Atas dasar apa pilihan ini dibuat, dan mengapa hal tersebut menjadi penting? Pertanyaan-pertanyaan ini sejalan dengan keinginan yang bertentangan atas pelestarian jangka panjang sejarah masa lalu untuk generasi mendatang, beriringan dengan pertumbuhan ekonomi jangka pendek, keuntungan finansial dan prestise budaya untuk wilayah tersebut.

PERILAKU DALAM MENYIKAPI BANGUNAN TUA

Hingga saat ini keberadaan bangunan / situs cagar budaya dan sejarah (dengan atau tanpa status resmi) masih terancam, karena masih belum mendapat perhatian yang memadai dari pemerintah daerah dan masyarakat yang mengelola kebijakan terkait cagar budaya yang rancu, serta dari pemiliknya yang tidak terdukung karena peraturan yang tidak menguntungkan dan kendala keuangan. Salah satu contoh praktik kebijakan pemerintah yang rancu adalah Pesanggrahan Ambarukmo,

site an object of conservation and cultural heritage? Who has the right or power to choose these objects (or instead leave them to deteriorate)? On what basis are these choices made, and why is it important? These questions go hand in hand with the conflicting desires for long-term preservation of past histories for future generations, alongside short term economic growth, financial profit and cultural prestige for the region.

HOW OLD BUILDINGS ARE TREATED

Until now, the existence of cultural and historical heritage buildings/ sites (with or without official status) has been threatened, because they are still not given adequate attention from the local governments and communities who maintain ambiguous heritage policies, as well as from the owners who are discouraged in doing so by unfavorable regulations and financial constraints. A good example of an ambiguous governmental practice is *Pesanggrahan Ambarukmo*, a Cultural Heritage Building belonging to the Sultanate of Yogyakarta. Built in the first half of the nineteen century under Sultan Hamengkubuwono V, *Pesanggrahan Ambarukmo* was as a place of reception for the Sultan's guests, and later turned into a restaurant and wedding location. In 1960, *Gendok Kiwo*, the left part of the

sebuah Bangunan Cagar Budaya milik Kesultanan Yogyakarta. Dibangun pada paruh pertama abad kesembilan-belas di bawah Sultan Hamengku Buwono V, Pesanggrahan Ambarukmo dulu digunakan sebagai tempat menerima tamu-tamu Sultan, dan kemudian berubah menjadi restoran dan digunakan untuk lokasi pernikahan. Pada tahun 1960, Gendok Kiwo, bagian kiri bangunan tersebut dihancurkan untuk membangun Hotel Ambarukmo. Setelah itu, pada tahun 2006, Ambarukmo Plaza, sebuah pusat perbelanjaan, menabrak Gendok Tengen, sisi kanan bangunan tersebut, akibat dari konstruksi ilegal yang melebihi batas site yang telah ditentukan. Ironisnya, kedua konstruksi tersebut disepakati oleh Kesultanan Yogyakarta, yang seharusnya turut melindungi dan melestarikan Bangunan Cagar Budaya tersebut. Saat perencanaan pembangunan Plaza Ambarukmo sedang berlangsung, Sultan sendiri memastikan akan mengawasi pembangunan tersebut dan tidak akan membiarkan Pesanggrahan Ambarukmo tersentuh. Sayangnya, bangunan Jawa kuno itu terpaksa menyatu dengan modernisasi. Separuh dari Gendok Tengen dibongkar dan tembok Plaza Ambarukmo bertengger di atap Pesanggrahan Ambarukmo. Alhasil, dinding bagian dalam Gendok Tengen tidak lagi asli, digantikan oleh tembok Ambarukmo Plaza yang digunakan sebagai jalur keluar kendaraan

building, was destroyed in order to build the Ambarukmo Hotel. Subsequently, in 2006, Ambarukmo Plaza, a shopping mall, crashed into *Gendok Tengen*, the right side of the building, due to illegal constructions that exceeded the predetermined site boundary. Ironically, both constructions were agreed upon by the Sultanate of Yogyakarta, which therefore should have helped protect and preserve the Cultural Heritage Building. When the planning for the construction of Ambarukmo Plaza was underway, the Sultan himself assured that he would supervise the construction and would not let the *Pesanggrahan Ambarukmo* be touched. Unfortunately, the old Javanese building was forced to unite with modernization. Half of *Gendok Tengen* was dismantled and the walls of Ambarukmo Plaza were perched on the roof of *Pesanggrahan Ambarukmo*. As a result, the inner wall of *Gendok Tengen* is no longer the original, as it was replaced by the Ambarukmo Plaza wall which mainly serves as an exit route for vehicles from the basement parking lot and is by no means integrated with the architecture of the old building.

One of the main concerns felt by many owners of Cultural Heritage Buildings is the lack of substantial heritage funds. According to Tjahjono Raharjo, architecture lecturer and chairman of the Sobokartti Associa-

dari tempat parkir bawah tanah dan sama sekali tidak terintegrasi dengan arsitektur bangunan-bangunan tua tersebut.

Salah satu perhatian utama yang dirasakan oleh banyak pemilik Bangunan Cagar Budaya adalah sangat terbatasnya dana cagar budaya. Menurut Tjahjono Raharjo, dosen arsitektur sekaligus ketua Persatuan Sobokartti, yang meneliti perkembangan cagar budaya di Kota Lama, pusat kota Semarang jaman dahulu, banyak pemilik bangunan tua bersejarah yang kesulitan memelihara bangunannya karena ketiadaan dana untuk pemeliharaan.[1] Oleh karena itu, beberapa diantara pemilik tersebut berkeberatan jika bangunannya ditetapkan sebagai cagar budaya, bahkan ada yang meminta agar status tersebut dicabut. Salah satu masalah utama adalah bahwa Bangunan Cagar Budaya tidak dapat dijual dan diubah menjadi bentuk uang sebagai warisan ketika pemiliknya meninggal, sedangkan ahli waris seringkali tidak dapat memelihara bangunan tersebut dan lebih membutuhkannya dalam bentuk uang. Menurut Rukardi, Ketua Komunitas Pegiat Sejarah Semarang, kurangnya dana pemerintah untuk melestarikan Bangunan Cagar Budaya mendorong beberapa pemilik sengaja meninggalkan bangunannya dengan harapan akan roboh dengan sendirinya, setelah itu. mereka dapat membangun gedung baru yang tidak memiliki label dan dapat dengan mudah dijual.[2]

1 "Mengapa sulit melindungi bangunan cagar budaya di Semarnag?", *BBC News Indonesia*, 5 Agustus, 2015, https://www.bbc.com/indonesia/majalah/2015/08/150805_majalah_cagarbudaya_semarang

2 Ibid.

tion, who researched the heritage developments in *Kota Lama*, the old city center of Semarang, many owners of old historic buildings have difficulty maintaining their property because they simply don't have the money for it.[1] Therefore, some have objections when their building is designated as cultural heritage, and some even ask for this status to be removed. One of the main problems is that Cultural Heritage Buildings cannot be sold and cashed in as inheritance when the owner dies, while heirs are often unable to maintain the building and need the money instead. According to Rukardi, head of the *Komunitas Pegiat Sejarah Semarang* [Semarang History Activists Community], the lack of governmental funds for preserving Cultural Heritage Buildings has incited some owners to abandon their property on purpose in the hope that it would collapse by itself, after which they can construct a new building that carries no label and can easily be sold.[2]

Even though it has been said that there will be support and assistance to take care of heritage buildings, owners consider the heritage label a disadvantage, because of the restrictions imposed in the event of renovations. Moreover, based on the Law No. 11 of 2010 regarding cultural heritage policy, renovations that damage or destruct a Cultural Heritage Building are now considered a criminal act, resulting in penalties of imprisonment

1 "Mengapa sulit melindungi bangunan cagar budaya di Semarnag?", *BBC News Indonesia*, August 5, 2015, https://www.bbc.com/indonesia/majalah/2015/08/150805_majalah_cagarbudaya_semarang

2 Ibid.

Meski sudah dikatakan akan ada dukungan dan pendampingan untuk pemeliharaan bangunan cagar budaya, pemilik menganggap status cagar budaya tersebut merugikan, karena adanya pembatasan yang diberlakukan jika terjadi renovasi. Terlebih lagi, berdasarkan Undang-Undang Nomor 11 Tahun 2010 tentang Kebijakan Cagar Budaya, renovasi yang merusak atau menghancurkan suatu Bangunan Cagar Budaya kini dianggap sebagai tindak pidana yang mengakibatkan hukuman penjara paling singkat satu tahun dan paling lama 15 tahun dan / atau denda paling sedikit Rp500.000.000,00 (lima ratus juta rupiah) dan paling banyak Rp5.000.000.000,00 (lima miliar rupiah).[3] Oleh karena itu, kebijakan ini secara signifikan membatasi apa yang dapat dilakukan pemilik atas propertinya sendiri.

Sikap Sultan dan pemerintah di Yogyakarta mencerminkan pesimisme terhadap pelestarian cagar budaya. Hal ini terlihat cukup memprihatinkan, dalam sejumlah kasus dikorbankannya Bangunan Cagar Budaya untuk mendirikan bangunan komersial yang pada umumnya berkedok kepentingan ekonomi yang akan membantu meningkatkan pendapatan di daerah tersebut. Namun, keuntungan ekonomi (yang seringkali oportunistik) ini sejalan dengan hilangnya bangunan bernilai sejarah yang tidak pernah dapat diganti, dan penghapusan identitas budaya lokal. Bangunan bersejarah dapat dilihat sebagai saksi dan bukti

3 Undang-undang No.11 tahun 2010 tentang Cagar Budaya, Bab XI Ketentuan Pidana

for a minimum of one year and a maximum of 15 years and/or a fine of at least IDR 500,000,000.00 (five hundred million rupiah) and a maximum of IDR 5. 000,000,000.00 (five billion rupiah).[3] This policy therefore significantly limits what owners can do with their own properties.

The attitude of the Sultan and the government in Yogyakarta reflects a pessimism towards cultural preservation. This is seen, quite alarmingly, in the number of cases where Cultural Heritage Buildings were sacrificed in order to erect generic commercial buildings under the guise of economic interests that would help fund projects in relevant regions. But this (often opportunistic) economic gain goes hand in hand with the loss of valuable, historically relevant buildings that can never be replaced, and thus with the erasure of local cultural identity. Historical buildings can be seen as both a witness and as tangible evidence for what happened in the past. Their maintenance also enables the continuation of the histories they carry, allowing them to move into the future. Heritage buildings and historical sites play a role in connecting histories and stories of the past. When they disappear, the values that existed within them are subsequently displaced or lost, often overwritten by new modern buildings that pay little attention to their context and environment. It is important for history to continue to

3 Law No.11 of 2010 about Cultural Heritage, Chapter XI of Criminal Provisions

nyata atas apa yang terjadi di masa lalu. Pemeliharaan bangunan tersebut juga memungkinkan keberlanjutan sejarah yang mereka bawa dan memungkinkan mereka untuk melampaui masa depan. Bangunan peninggalan dan situs sejarah berperan dalam menghubungkan sejarah dan cerita masa lalu. Ketika bangunan tua ini hilang, nilai-nilai yang ada di dalamnya kemudian tergeser atau hilang, seringkali ditimpa oleh bangunan modern yang cenderung kurang memperhatikan konteks dan lingkungannya. Penting bagi sejarah untuk terus hidup dalam sesuatu yang material, tetapi sama pentingnya dengan memiliki material (objek, bangunan, situs) yang atas keberadaannya kita dapat memproyeksikan sejarah. Dengan kata lain, materi yang berfungsi sebagai penghubung diskusi publik, imajinasi dan revaluasi nilai dan identitas secara terus menerus.

Kegiatan konservasi bangunan dan area bersejarah tidak hanya menjadi upaya melestarikan dan memelihara benda-benda arsitektur, tetapi juga dalam melindungi nilai-nilai budaya dan komunal dalam kehidupan sehari-hari masyarakat luas. Di Semarang, kawasan kolonial bersejarah Kota Lama telah dihidupkan kembali untuk tujuan ekonomi dan dikembangkan menjadi tujuan wisata populer. Dalam upaya menjaga dan melestarikan bangunan cagar budaya, hal ini dipandang sebagai strategi yang sangat menguntungkan baik bagi warga maupun pemerintah.

live in something material, but equally so to have materials (objects, buildings, sites) on which we can project a history. In other words, materials that can function as mediators for public discussion, imagination and the continuous revaluation of values and identities.

Conservation activities in historic buildings and areas assist not only in preserving and maintaining architectural objects, but also in protecting cultural and communal values in the everyday life of the wider community. In Semarang, the historical colonial area of *Kota Lama* has been revived for economic purposes and developed into a popular tourist destination. In order to maintain and preserve the heritage buildings, this has been seen as a very beneficial strategy for both the residents and government. Yet the way this revitalization is coordinated and implemented has all the characteristics of a gentrification process. The question is then how can we find a model for heritage conservation and preservation that uses forms of tourism and education to support the local economy without compromising the qualities of local daily life?

OLD BUILDINGS IN KALIURANG

Kaliurang is a natural tourist area in Yogyakarta, known for its

Namun cara revitalisasi ini dikoordinasikan dan diimplementasikan dengan semua karakteristik dari proses gentrifikasi. Pertanyaannya kemudian adalah bagaimana kita dapat menemukan model pelestarian dan pemeliharaan cagar budaya yang menggunakan bentuk-bentuk pariwisata dan pendidikan untuk mendukung ekonomi lokal tanpa mengorbankan kualitas kehidupan sehari-hari masyarakat?

BANGUNAN TUA DI KALIURANG

Kaliurang adalah sebuah kawasan wisata alam di Yogyakarta yang terkenal dengan iklimnya yang menyejukkan dan pemandangan Gunung Merapi yang megah. Dibandingkan dengan desa-desa tetangga lainnya, Kaliurang berhasil berulang kali terhindar dari bencana erupsi gunung berapi, itulah sebabnya tata letak aslinya sangat terjaga dengan baik. Desa ini didirikan sebagai *hill station* (kota peristirahatan yang dibangun dan diperuntukan kolonial Belanda) dan resor liburan musim panas bagi orang Belanda yang ingin melarikan diri dari iklim tropis Yogyakarta yang hangat. Banyak bungalow kolonial yang masih hadir, menjadi saksi sejarah pendirian desa ini sebagai daerah peristirahatan kolonial, dan perkembangannya menjadi tujuan wisata seperti saat ini. Bersama dengan keindahan alam sekitar dan masakan lokal yang unik, bungalow-bungalow ini menjadi

refreshing climate and majestic scenery of the Merapi volcano and its surroundings. Compared to other neighboring villages Kaliurang has remarkably escaped the disasters of multiple volcanic eruptions, which is why its original layout has been preserved so well. The village was established as a hill station and summer holiday resort for the Dutch who sought to escape the warm tropical climate of Yogyakarta. Many colonial bungalows are still present, witnessing both the history of the village's establishment as a colonial retreat area, and its development into the tourist destination it still is today. Together with the beauty of the surrounding nature and the unique local cuisine, the bungalows form a main feature of the village. What is less known, however, is that Kaliurang was the backdrop for a series of important negotiations in the prelude to Indonesia's independence.

In 1946-1949, when several conflicts between the Netherlands and Indonesia emerged, a number of negotiations for independence were held. One of these moments led to the *Perundingan Kaliurang* [Kaliurang Agreement]. The Perundingan Kaliurang negotiations took place on January 13, 1948 between the Republic of Indonesia and the *Komisi Tiga Negara* [Committee of Good Offices] which included Australia, Belgium and the

ciri utama desa. Namun, yang jarang diketahui adalah bahwa Kaliurang menjadi latar belakang serangkaian negosiasi penting di awal masa kemerdekaan Indonesia.

Pada tahun 1946-1949, ketika beberapa konflik antara Belanda dan Indonesia muncul, sejumlah perundingan terkait kemerdekaan pun digelar. Salah satu peristiwa ini mengarah ke Perundingan Kaliurang. Perundingan Kaliurang berlangsung pada tanggal 13 Januari 1948 antara Republik Indonesia dengan Komisi Tiga Negara [Committee of Good Offices] yang terdiri dari Australia, Belgia dan Amerika Serikat. Sri Sultan Hamengkubuwono IX menyediakan beberapa bangunan miliknya, Pesanggrahan Ngeksigondo dan Wisma Kaliurang, untuk persiapan dan pelaksanaan negosiasi.[4]

Negosiasi yang sama juga membahas Notulen Kaliurang terkait dengan posisi Republik Indonesia dalam konteks Perjanjian Renville.[5] Syarat-syarat perjanjian Renville — masa transisi menuju pembentukan RIS (Republik Indonesia Serikat), di mana Belanda akan memiliki kedaulatan penuh atas Indonesia, kemudian dipertanyakan dan dipersoalkan ketika posisi Republik Indonesia yang telah berdiri sebagai sebuah negara merdeka dan berdaulat penuh, didukung oleh tentaranya sendiri dan hubungan langsung dengan negara asing. Seorang anggota dari Komisi Tiga Negara, Prof. Graham, menjelaskan dengan kata-katanya sen-

4 Angelica Herdy Andani, *"Strategi Pelestarian Bangunan Kolonial di Kaliurang"* (Skripsi, Universitas Gadjah Mada, 2011), 26.

5 *Ensiklopedi Umum* (PENERBIT KANISIUS, 1973), 2.

United States. Sri Sultan Hamengkubuwono IX made some of his properties, *Pesanggrahan Ngeksigondo* and *Wisma Kaliurang*, available for the preparations and the negotiations.[4]

These same negotiations also deliberated the *Notulen Kaliurang* [Kaliurang Manuscript] regarding the position of the Republic of Indonesia in the context of the *Perjanjian Renville* [Renville Agreement].[5] The conditions of the Renville agreement — a transitional period towards the formation of the RIS (United States of Indonesia), during which the Dutch would have full sovereignty over Indonesia, were questioned and problematized by the position of the Republic of Indonesia, which stood as an independent and fully sovereign country, backed up by its own army and direct relations with foreign countries. A member of the Committee of Good Offices, Prof. Graham, explained with his own words: "You are what You are, from bullets to ballots," which was interpreted by the Republic as an option to maintain its independent position. On this basis, the Republic of Indonesia signed the Renville Agreement. However, when ratified on 17 January 1948, the agreement was unsuccessful in its attempts to resolve the disputes.[6] It instead recognized a cease-fire along the temporary border or *Status Quo lijn* [Status Quo line], which connected the Dutch positions, but the war

4 Angelica Herdy Andani, *"Strategi Pelestarian Bangunan Kolonial di Kaliurang"* (Thesis, Gadjah Mada University, 2011), 26.

5 *Ensiklopedi Umum* (PENERBIT KANISIUS, 1973), 2.

6 Britannica Encyclopedia, *Renville Agreement*, https://www.britannica.com/event/Renville-Agreement

diri: "You are what You are, from bullets to ballots," yang diartikan oleh Republik sebagai pilihan untuk mempertahankan posisi independennya. Atas dasar itu, Republik Indonesia menandatangani Perjanjian Renville. Namun, ketika diratifikasi pada 17 Januari 1948, kesepakatan tersebut tidak berhasil menyelesaikan perselisihan.[6] Ia malah mengakui gencatan senjata di sepanjang perbatasan sementara atau *Status Quo lijn* [Garis Status Quo], yang menghubungkan area-area di bawah kekuasaan Belanda, namun perang tidak berhenti dan upaya diplomatik antara Belanda dan Republik terus berlanjut sepanjang tahun 1948 dan 1949.

Meskipun Kaliurang memiliki latar belakang sejarah yang menarik dan penting, namun sedikit perhatian yang diberikan. Beberapa pihak seperti BP3 DIY, Bappeda Kabupaten Sleman, dan Dinas Pariwisata Kabupaten Sleman telah mencoba memperlihatkan pentingnya desa dan cagar budaya, namun sejauh ini satu-satunya bangunan yang mendapat perlakuan khusus di desa ini adalah Pesanggrahan Ngeksigondo.[7] Masih banyak bangunan lain yang juga layak mendapatkan perlakuan yang sama. Namun, Dinas Pariwisata Kabupaten Sleman hanya memandang Kaliurang sebagai kawasan peningkatan pariwisata, sedangkan nilai sejarah budaya desa tidak memiliki andil di dalamnya,

gbr. 3
fig. 3

6 Britannica Encyclopedia, *Renville Agreement*, https://www.britannica.com/event/Renville-Agreement

7 Angelica Herdy Andani, *Strategi Pelestarian Bangunan Kolonial di Kaliurang*, 6.

didn't stop and diplomatic efforts between the Netherlands and the Republic continued throughout 1948 and 1949.

Although Kaliurang has an interesting and important historical background, little attention has been paid to it. Some parties, such as *BP3 DIY*, the *Sleman Regency Bappeda*, and the *Sleman Regency Tourism Office*, have tried to address the importance of the village and its cultural heritage, but so far, the only building that has received special treatment is the *Pesanggrahan Ngeksigondo*.[7] There are still many other buildings that also deserve this same treatment. The Sleman Regency Tourism Office, however, sees Kaliurang only as an area for increasing tourism, and the cultural historical value of the village has no part in that, despite the fact that many changes could be made, such as promoting the colonial bungalows that bear witness to, for example, the struggle for Indonesian independence.

HOW OLD BUILDINGS WITNESS HI(STORIES)

From the 1920s onwards the Dutch built several bungalows in Kaliurang, echoing architectural typologies they were familiar with, to cure their homesickness. *Wisma Kaliurang*, already built in the 1910s, was one of the first colonial buildings to be constructed in Kaliurang see fig. 3 and photograph 3.

7 Angelica Herdy Andani, *Strategi Pelestarian Bangunan Kolonial di Kaliurang*, 6.

8 Area kolonial yang berada di Kaliurang bagian atas atau lebih tinggi, oleh warga dipanggil dengan sebutan area *Loji* (bangunan loji); Angelica Herdy Andani, *Strategi Pelestarian Bangunan Kolonial di Kaliurang*, 67.

padahal banyak perubahan yang bisa dilakukan, seperti mempromosikan bungalow kolonial yang menjadi saksi nyata perjuangan kemerdekaan Indonesia.

BAGAIMANA BANGUNAN TUA MENJADI SAKSI MATA SEJARAH (CERITA)

Sejak tahun 1920-an, pemerintah kolonial Belanda membangun beberapa bungalow di Kaliurang, dengan menggemakan tipologi arsitektur yang mereka kenal, sebagai penawar kerinduan mereka atas rumah. Wisma Kaliurang yang sudah dibangun pada tahun 1910-an merupakan salah satu bangunan kolonial pertama di Kaliurang lihat gbr. 3 dan foto hal. 3. Terletak di daerah *loji* [daerah penginapan], bangunan ini dibangun dan dimiliki oleh keluarga Belanda, yang kemudian dibeli oleh Tuan Leh Meyer, seorang pengusaha asal Jerman.[8] Tuan Leh Meyer mengubah bangunan ini menjadi hotel komersial. Menyusul kesuksesannya, hotel ini dilengkapi dengan adanya kantor pos, dan merupakan bangunan pertama yang memiliki aliran listrik. Kesuksesan komersial Hotel Leh Meyer menjadi contoh awal bagi Kaliurang, dan tak lama kemudian banyak penginapan-penginapan bermunculan.

Tuan Leh Meyer meninggalkan hotelnya ketika Jepang tiba pada masa perang dunia kedua, setelah itu bangunan ini dike-

Situated in the loji area [lodges area], it was built and owned by a Dutch family and later bought by Mr. Leh Meyer, a German businessman.[8] Mr. Leh Meyer turned the building into a commercial hotel. Following its success, the hotel incorporated a postal office, and was the first building with electricity. The commercial success of the Hotel Leh Meyer set an example for Kaliurang, and soon many lodgings followed.

Mr. Leh Meyer left his hotel when the Japanese arrived during the second world war, after which it was managed by local residents who changed its name into *Wisma Kaliurang.*[9] *Wisma Kaliurang* functioned as an Inn, commonly used for weekend events by young people and the community. Although it is still in use today, the building is currently in bad condition and has not been maintained or cared for a long time. Architecturally, there are additional annexes and shacks attached to it that cover the original building without regard to the original design of the facade or layout of the floor plan. Some parts therefore do not function and are left unused due to their bad condition. What is unknown to many people, however, is that during the Kaliurang Agreement, the Dutch delegation used *Wisma Kaliurang* as their place to reside.[10] The preservation of heritage buildings such as *Wisma Kaliurang* could unlock potential hi(stories) of the past and

8 The higher located colonial part of Kaliurang is referred to by the local inhabitants as the loji area (lodges area); Angelica Herdy Andani, 67.

9 Angelica Herdy Andani, *Strategi Pelestarian Bangunan Kolonial di Kaliurang*, 67.

10 Ibid.

lola oleh penduduk setempat yang mengganti namanya menjadi Wisma Kaliurang.[9] Wisma Kaliurang difungsikan sebagai penginapan yang biasa digunakan untuk acara akhir pekan oleh anak muda dan komunitas. Meski masih digunakan hingga saat ini, bangunan tersebut saat ini dalam kondisi yang buruk dan sudah lama tidak dirawat. Secara arsitektural, ada penggabungan dan ruang tambahan yang melekat pada bangunan ini, yang menutupi wujud asli bangunan tanpa memperhatikan bentuk asli bagian muka atau tata letak denah lantai. Oleh karena itu, beberapa bagian tidak berfungsi dan tidak digunakan lagi karena kondisinya yang buruk. Namun hal yang tidak diketahui banyak orang adalah bahwa pada saat Perjanjian Kaliurang, delegasi Belanda menggunakan Wisma Kaliurang sebagai tempat menginap.[10] Pelestarian bangunan cagar budaya seperti bangunan Wisma Kaliurang dapat membuka potensi sejarah (cerita) masa lalu yang terhubung dengan masa kini dan masa depan. Wisma Kaliurang, bersama dengan bangunan kolonial yang di sekitarnya, dapat dibaca sebagai simbol peran desa dalam peralihan kekuasaan selama revolusi kemerdekaan Indonesia karena dapat menjadi objek dari makna yang berlapis dan fungsi yang berkaitan dengan arsitektur kolonial, sejarah pendudukan Belanda, dan bagaimana hal-hal ini mempengaruhi wilayah Kaliurang.

9 Angelica Herdy Andani, *Strategi Pelestarian Bangunan Kolonial di Kaliurang*, 67.

10 Ibid.

connect them to the present and the future. *Wisma Kaliurang*, along with the colonial buildings surrounding it, can be read just as much a symbol of the village's role in the transition of power during Indonesia's revolution for independence as it can be an object of layered meaning and function relating to colonial architecture, the history of Dutch occupation, and the way these together influenced the Kaliurang region.

HOW OLD BUILDINGS ARE USED BY LOCAL PEOPLE

The majority of the original colonial buildings in Kaliurang were owned by the Dutch and after Independence the buildings were either sold to businessmen, investors and foreigners or taken over by the government. According to Angelica Herdy Andani, who conducted researched into the colonial bungalows for her book *Strategi Pelestarian Bangunan Kolonial di Kaliurang* (2011), today the majority of the bungalows are owned by the government of Yogyakarta, who took care of them after they were abandoned by their original owners. The new owners often delegated the responsibility of maintaining the bungalows to the "guards" and "caretakers" who had overseen this job since 1920-1940, when most of the buildings were built. The guards, generally local residents of Kaliurang, played a key role in main-

PENGGUNAAN BANGUNAN TUA OLEH ORANG LOKAL

Mayoritas pemilik asli bangunan kolonial di Kaliurang adalah orang Belanda dan pasca kemerdekaan bangunan tersebut dijual kepada pengusaha, investor dan orang asing atau diambil alih oleh pemerintah. Berdasarkan tulisan Angelica Herdy Andani dalam risetnya berjudul "Strategi Pelestarian Bangunan Kolonial di Kaliurang" (2011), saat ini sebagian besar bungalow dimiliki oleh pemerintah Yogyakarta yang memeliharanya setelah ditinggalkan oleh pemilik aslinya. Pemilik baru sering mendelegasikan tanggung jawab pemeliharaan bungalow kepada „penjaga" dan „pengasuh" yang telah bekerja sebagai pengawas sejak 1920-1940, ketika sebagian besar bangunan dibangun. Para penjaga, yang pada umumnya merupakan warga Kaliurang, memainkan peran penting dalam memelihara dan melestarikan bungalow, tidak hanya meneruskan pekerjaan dari generasi ke generasi tetapi juga dalam menyebarkan sejarah (cerita) terkait bangunan tersebut. Karena mereka memiliki pengetahuan yang luas tentang bangunan tersebut, mereka menghargai bahwa apa yang mereka jaga memiliki nilai budaya.

Ketika pemiliknya sedang tidak berada di tempat, bangunan-bangunan ini umumnya disewakan, sebuah kegiatan yang dikelola oleh penjaga atau pengurus bangunan tersebut untuk memas-

taining and preserving the bungalows, not only passing on the work from generation to generation but also in transmitting the hi(stories) that surround these buildings. Since they have such extensive knowledge of the buildings, they respect that what they have been guarding is of cultural importance.

When the owners are not there, the buildings are generally rented out, an activity that is managed by the guards and caretakers, ensuring an ongoing liveliness in the village and giving the buildings another function and purpose. The coming and going of visitors leaves traces of use and gives the buildings a spirit. Furthermore, to ensure the houses are in good condition, the guards regularly carry out small repairs and maintenance duties. In doing so, the guards independently develop the bungalows, preserving its elegant characteristics without conserving it directly as a specific and solidified monument.

While conducting research in Kaliurang as well as following the process of the 900mdpl biennale, I felt that the role of the local community in preserving the hi(stories) and buildings of the village to be more meaningful and impactful than that of the government or the actual owners of the buildings themselves. In the case of BP3 DIY, which conducted research on the Pesanggrahan Ngeksigondo from 1984-1985, the achievements

tikan kelangsungan hidup di desa, dan memberikan fungsi dan tujuan lain pada bangunan tersebut. Pengunjung yang datang dan pergi meninggalkan jejak serta memberikan kehidupan baru pada bangunan tersebut. Selain itu, untuk memastikan bangunan rumah-rumah tersebut berada dalam kondisi yang terawat, para penjaga secara rutin memperbaiki dan memelihara bangunan tersebut sebagai bagian dari pekerjaannya. Dengan melakukan hal-hal tersebut, para penjaga secara mandiri mengembangkan bungalow ini dengan cara menjaga karakteristik keindahannya tanpa harus secara langsung melestarikannya sebagai wujud kokoh serupa monumen.

Saat melakukan penelitian di Kaliurang serta mengikuti proses biennale 900mdpl, saya merasa peran masyarakat lokal dalam melestarikan sejarah (cerita) dan bangunan di desa lebih bermakna dan berdampak dibandingkan dengan pemerintah atau pemilik asli dari bangunan itu. Dalam kasus BP3 DIY yang melakukan penelitian di Pesanggrahan Ngeksigondo dari tahun 1984-1985, hasil yang diperoleh masih sangat terbatas. Oleh sebab itu, penelitian ini lebih merupakan studi kelayakan teknis yang hanya berfokus pada satu bangunan sebagai bagian perangkat desa, yang menghasilkan laporan tentang rekomendasi restorasi.[11]

Sementara itu, setelah melihat pameran 900mdpl ke-2 pada tahun 2019 yang menggunakan kawasan *loji* sebagai lokasi uta-

11 Angelica Herdy Andani, *Strategi Pelestarian Bangunan Kolonial di Kaliurang*, 6.

obtained were still very limited. The research therefore became more of a technical feasibility study focusing only on a single building in the village ensemble, resulting in a report on restoration recommendations.[11]

Meanwhile, after seeing the 2nd 900mdpl exhibition in 2019, which used the loji area as its main location, the local people became aware of the touristic potential for this area, while at the same time recognizing the danger of its destruction by developers, investors and big hotel chains. One of the local community organizations, *Kaliurang Explore*, wanted to develop a tour that explores the colonial houses and their hi(stories). Recently they discovered that the PPAY site (one of the bungalow sites in the loji area), was in danger of being sold and demolished for the development of a new business. Out of a sense of responsibility they have since been fighting against it, hoping to prevent the owner from selling the building so that it can be looked after by the local community.

I think crossing paths with historical buildings and sites — whether they are the colonial bungalows of Kaliurang or the royal sites in Yogyakarta, and whether they are officially acknowledged as heritage or not — could be a great opportunity to raise awareness for the untold histories and stories of the past and provide insight into local and global constellations of

11 Angelica Herdy Andani, *Strategi Pelestarian Bangunan Kolonial di Kaliurang*, 6.

manya, masyarakat setempat menjadi sadar akan potensi wisata kawasan ini, sekaligus pada saat yang sama, menyadari bahaya kehancurannya oleh *developer*, investor dan jaringan hotel besar. Salah satu organisasi masyarakat setempat, *Kaliurang Explore*, ingin mengembangkan wisata menjelajahi rumah-rumah kolonial dan sejarah (cerita) mereka. Baru-baru ini mereka menemukan bahwa situs PPAY (salah satu situs bungalow di daerah *loji*), dalam bahaya karena akan dijual dan dibongkar untuk pengembangan bisnis baru. Berangkat dari rasa tanggung jawab atas pelestarian cagar budaya, sejak saat itu mereka berjuang melawannya dan berharap agar pemiliknya tidak menjual bangunan itu agar dapat dirawat oleh masyarakat sekitar.

Dalam pandangan saya, perjumpaan dengan bangunan dan situs bersejarah — baik dalam kasus bungalow kolonial di Kaliurang atau situs kerajaan di Yogyakarta, dan apakah secara resmi diakui sebagai warisan atau tidak — dapat menjadi kesempatan yang baik untuk meningkatkan kesadaran atas sejarah dan cerita dari masa lalu, serta memberikan wawasan tentang konstelasi lokal dan global saat ini. Seperti yang terlihat dari berbagai contoh yang didiskusikan, masyarakat merupakan pihak yang memainkan peran penting dalam memelihara bangunan bersejarah yang mereka tinggali meski cara melakukannya berbeda dari satu

the present. As we have seen from the different examples discussed, it is the people themselves who play an important role in maintaining the historical buildings they inhabit, yet the ways in which this is done differs from place to place and responsibility is often undertaken for different reasons.

The examples of the neighborhoods around *Antara Dua Gerbang* in *Kotagede* and *Dalem Jeron Beteng* in Yogyakarta show that people have adapted the historical buildings they inhabit by taking care of them and appropriating them over time. However, in contrast to what was achieved by the local community of Kaliurang, who naturally defended the loji area in its original state, the pressure for housing in the city urged for the construction of "new" buildings often built without permission or regulation. This "building rush", which started in the 1980s when the Indonesian economy was rapidly growing, created dense and organically grown neighborhoods in which historically important sites were often pushed to the background and slowly erased from sight. A process that still continues today.

Kota Lama in Semarang confronts us with the dangers of falling into the trap of international heritage regulations that often are disconnected with local realities, resulting in gentrification, mass tourism and the loss of meaning. However, the strategy for the revitalization of *Kota Lama*, which

tempat ke tempat lain dan tanggung jawab sering dilakukan karena alasan yang berbeda.

Contohnya di lingkungan sekitar *Antara Dua Gerbang* di Kotagede dan *Dalem Jeron Beteng* di Yogyakarta menunjukkan bahwa masyarakat telah mengadaptasi bangunan bersejarah yang mereka tempati dengan cara merawat dan menyesuaikannya dari waktu ke waktu. Namun, berbeda dengan apa yang dicapai oleh masyarakat sekitar Kaliurang yang secara alamiah mempertahankan kawasan *loji* dalam keadaan semula, tekanan terhadap perumahan di perkotaan yang mendesak agar pembangunan gedung-gedung "baru" seringkali dibangun tanpa izin atau aturan. "Serbuan pembangunan" ini, yang dimulai pada 1980-an ketika ekonomi Indonesia berkembang pesat, menciptakan lingkungan yang padat dan tumbuh secara organik dimana situs-situs penting secara historis sering kali terdorong dan menjadi latar belakang dari pembangunan ini kemudian perlahan-lahan terhapus dari pandangan. Sebuah proses yang masih berlanjut sampai sekarang.

Kota Lama di Semarang menghadapkan kita pada bahaya terjerumus ke dalam perangkap regulasi cagar budaya internasional yang seringkali terputus dengan realitas lokal, mengakibatkan gentrifikasi, pariwisata massal, dan hilangnya makna. Namun, strategi revitalisasi Kota Lama yang berbasis pariwisata sebagai model untuk menghasilkan pendapatan ekonomi, dengan memas-

is based on tourism as a model to generate economic revenue, ensuring the costs for maintaining the buildings are covered, offers a potential solution. But of course, only when it avoids gentrification and involves the local community who have far more of an understanding of the buildings and the hi(stories) in the area. Tourism can be combined with other aspects, for instance different forms of education. The tour envisioned by *Kaliurang Explore*, for example, still allows for the bungalows to function as a villa or guesthouse. The case of the loji area in Kaliurang, is a good example of a community based cultural heritage strategy that combines the aspects of everyday life activities, a financial model, and preservation. It is not arbitrarily taken over by the government or large developers in pursuit of a heritage label and financial gain, but instead undertaken out of the responsibility for the preservation of buildings that carry important histories and stories of the past. ¶

tikan biaya pemeliharaan gedung dapat terbayar, menawarkan potensi yang solutif. Tapi tentu saja, hanya jika menghindari gentrifikasi dan melibatkan masyarakat lokal yang lebih memahami bangunan dan sejarah (cerita) di daerah tersebut. Pariwisata dapat digabungkan dengan aspek lain, misalnya berbagai bentuk edukasi. Wisata yang dibayangkan oleh Kaliurang Explore, misalnya, masih memungkinkan bungalow berfungsi sebagai villa atau wisma. Pada kasus kawasan loji di Kaliurang, merupakan contoh yang baik dari strategi cagar budaya berbasis masyarakat yang memadukan aspek kegiatan kehidupan sehari-hari, model keuangan, dan pelestarian. Hal ini tidak diambil alih secara sewenang-wenang oleh pemerintah atau *developer* besar untuk mengejar status cagar budaya dan keuntungan finansial, melainkan dilakukan sebagai tanggung jawab pelestarian bangunan yang merawat sejarah dan cerita penting dari masa lalu. ¶

Terpisah Namun Cukup Dekat

Disconnected But Close Enough

Paoletta Holst

Tahukah kamu apa makna bangkit dari dataran rendah yang panas dan lembab? Memasuki hawa dingin? Bagaimana cahaya putih yang melelahkan dari dataran menjadi jelas, bayangan menjadi lebih gelap dan kemilau daun gemerlap semakin terang dan semakin terang. [...] Saat mendaki puncak Jawa, pertama-tama kau akan menyadari beban berat yang membebanimu dari bawah. Perlahan-lahan menghilang, menjauh, sampai akhirnya, kau bahkan kehilangan ingatan atas hal tersebut. Tidak ada lagi kekhawatiran, ingatan tentang masalahmu telah berakhir, hidup ini ringan dan cerah, kau dapat melakukan apapun .... [1]
—C.O. van der Plas, Gids voor bergtochten di Jawa

gbr. 4
fig. 4

Pada suatu hari yang cerah di tahun 1930, M. Hirschel, direktur gudang mode Pröttel di Yogyakarta, melakukan pendakian bersama sekelompok petualang, mendaki sisi selatan gunung Merapi. Pendakian ini diselenggarakan oleh *Nederlandsch-Indische Vereeniging voor Bergsport* [Asosiasi Olahraga Pegunungan Hindia Belanda], pada tahun yang sama telah menerbitkan *Gids voor bergtochten op Java* [Panduan untuk wisata gunung di Jawa] yang ditulis oleh ahli vulkanologi Ch. E. Stehn. Panduan ini menyatakan bahwa setelah berangkat dari stasiun perbukitan

1 C.O. van der Plas, "Inleiding" In *Gids voor bergtochten op Java*, Ch.E. Stehn (Bandoeng: Nederlandsch-Indische Vereeniging voor Bergsport, 1930), 6. [terjemahan bebas]

Do you know what it means to rise from the hot, humid coastal plain? Into coolness? How the tiresome white light of the plain clears, shadows darken and the sheen of the leaves glimmers brighter and brighter. [...] Ascending Java's summit you first realise the heavy burden that has rested upon you from down below. For it slowly sheds off, away from you, until finally, you lose even the memory of it. There are no more worries, the memory of your troubles is over, life is light and sunny, you can do anything... [1]
—C.O. van der Plas, Gids voor bergtochten op Java

On a clear day in 1930, M. Hirschel, the director of the Pröttel fashion warehouse in Yogyakarta, set out on an adventurous group hike, climbing the southern flank of the Merapi volcano. The hike was organised by the *Nederlandsch-Indische Vereeniging voor Bergsport* [Dutch-Indies Mountain Sports Association] which, in the same year, had published its first *Gids voor bergtochten op Java* [Guide for mountain tours on Java] written by the volcanologist Ch.E. Stehn. The guide indicated that after departing from the hill station Kaliurang about 25 km from Yogyakarta, a path would lead to the eastern volcanic vent of the Merapi, which could be reached in

1 C.O. van der Plas, "Inleiding" In *Gids voor bergtochten op Java*, Ch.E. Stehn (Bandoeng: Nederlandsch-Indische Vereeniging voor Bergsport, 1930), 6. [own translation]

Kaliurang yang berjarak sekitar 25 km dari Yogyakarta, akan ada jalan setapak menuju kawah vulkanik di sisi timur Merapi dengan menempuh waktu kurang lebih 5 jam[2] Dalam pendakiannya, Hirschel mengambil beberapa foto yang menunjukkan pemandangan perbukitan di sisi selatan Yogyakarta yang indah, serta aksi pendakian yang berani dari beberapa anggota kelompoknya lihat gbr. 4. Tidak diragukan lagi, sekelompok orang tersebut mengalami apa yang C.O. van der Plas, dengan sedikit dramatis, jelaskan dalam pembuka buku panduan tersebut sebagai pelepas ‚beban berat' dataran rendah yang panas dan lembab. Terbebas dari kekhawatiran dan ingatan akan masalah sehari-hari, para pendaki dapat merasakan sensasi kebebasan pribadi dan penaklukan... Buku panduan tersebut membuat situs alam berbahaya di Jawa ini dapat diakses oleh publik yang lebih luas, mengubahnya menjadi pengalaman yang indah atau bahkan semacam pariwisata. Namun, bermain-main dengan ancaman tak terlihat dari gunung berapi yang tampaknya tenang ini sangat bergantung pada pengetahuan pemandu lokal dan '*koelies*'[3] (kuli) yang, atas saran Buku Panduan, dipekerjakan untuk memimpin pendaki melewati pegunungan, membawa barang bawaan mereka, dan menghindari area-area dengan gas yang mencekik serta mengancam jiwa.

2 Ch.E. Stehn, *Gids voor bergtochten op Java.* (Bandoeng: Nederlandsch-Indische Vereeniging voor Bergsport, 1930), 112

3 Selama masa penjajahan, orang-orang Jawa, Cina, dan India yang tidak terpelajar, serta buruh harian disebut dengan panggilan kuli (Belanda: *koelies*). Penyebutan *kuli* memiliki konotasi negatif karena pekerjaan yang dilakukan oleh orang-orang ini kerap tidak manusiawi, berat, memalukan, dan motonon. Buku *Gids voor bergtochten op Java*, menggunakan istilah ini.

approximately 5 hours.[2] On his hike Hirschel took several photographs showing the stunning views of the Southern Mountains in the surroundings of Yogyakarta, as well as the daring climbing actions of some of his group members see fig. 4. Undoubtedly, the group would have experienced what C.O. van der Plas, with a sense of drama, described in the introduction of the Guide as the relief of the 'heavy burden' of the hot, humid coastal plain. Liberated from worries and memories of daily troubles, the hikers could embrace a sense of personal freedom and conquest... The Guide made these dangerous natural sites of Java accessible to a broader public, transforming them into sublime or event touristic experiences. However, the flirt with the invisible threat of the dormant volcano strongly depended on the knowledge of the local guides and '*koelies*'[3] [coolies] who, on the advice of the Guide, were hired to lead the hikers through the mountains, carry their luggage and avoid areas with life-threatening suffocating gases.

It was precisely these invisible presuppositions of the control and power over nature and local people on which colonialism in the Dutch East Indies was built. There is a great discrepancy between the bequeathed, often rosy images — which still largely determine the understanding of the colonial past for the majority of the Dutch population — and the actual

2 Ch.E. Stehn, *Gids voor bergtochten op Java.* (Bandoeng: Nederlandsch-Indische Vereeniging voor Bergsport, 1930), 112

3 During colonial times 'unschooled' Javanese, Chinese and Indian day – and contract labourers were called coolies (Dutch: koelies). The word coolie has a negative connotation because of the often inhumane, heavy, humiliating and monotonous work these people had to do. *The Gids voor bergtochten op Java*, uses this word.

Pengandaian yang tidak terlihat dari kontrol dan kekuasaan atas alam dan masyarakat lokal inilah yang menjadi dasar dibangunnya kolonialisme di Hindia Belanda. Ada perbedaan besar antara gambaran yang diwariskan, umumnya gambaran-gambaran indah — yang masih sangat menentukan pemahaman masa lalu kolonial bagi sebagian besar penduduk Belanda — dan realitas sebenarnya dari masa lalu kolonial itu sendiri. Ketika mempertanyakan apa yang tidak terlihat dalam foto-foto yang diambil oleh Hirschel, asumsi Belanda tentang hierarki kolonial dan hubungan kekuasaan pun mulai tampak. Karena itu, kita perlu mempertanyakan apa yang membuat pendakian di wilayah yang tidak dikenal semacam itu menjadi mungkin? Ketergantungan Belanda atas layanan yang disediakan oleh penduduk lokal, baik untuk pekerjaan fisik, pekerjaan rumah tangga, atau pengalaman wisata, semuanya diperlukan untuk kelanjutan pemerintahan kolonial. Seperti yang terutama ditunjukkan oleh Ann Stoler, "[...] hubungan antara identitas nasional, rasial dan budaya [...] paling teliti dipikirkan dalam wacana hukum kolonial sebagai kriteria status Eropa dan tertulis, bukan dalam hukum itu sendiri, yang dengan sendirinya secara sadar menyangkal perbedaan ras, tetapi dalam logika budaya dan asumsi rasis yang mendasari argumen hukum itu sendiri."[4] Berdasarkan pemikiran ini, hierarki sosial kolonial, asumsi rasial, dan bentuk-bentuk

4 Ann Stoler. "Sexual Affronts and Racial Frontiers: European Identities and the Cultural Politics of Exclusion in Colonial Southeast Asia," *Comparative Studies in Society and History*, no. 3 (July 1992): 536

reality of the colonial past. When asking what is not visible in the photographs Hirschel took, the Dutch assumptions of colonial hierarchies and power relations come to the fore. We must therefore question what made a hike in such unknown territories possible? The services the Dutch heavily relied upon were provided solely by the local population, whether it be for physical labour, domestic work or touristic experiences, all were necessary for the continuation of colonial rule. As Ann Stoler notably points out, "[...] the linkages between national, racial and cultural identity were [...] most thoroughly thought out in the colonial legal discourse on the criteria for European status and inscribed, not in the laws themselves, which self-consciously disclaimed racial difference, but in the cultural logic and racist assumptions underpinning the legal arguments."[4] Building further on this notion, colonial social hierarchies, racial assumptions and forms of oppression — who was doing what kind of work, who could live where, who was allowed in what kind of place etc.— can be seen in the ways the Dutch interacted with the varied social and ethnic groups present in the Indies. Furthermore, they were also inscribed and embedded in the built environment. Architects and urban planners operated within the possibilities of prevailing spatial laws and regulations that in themselves did not openly

4 Ann Stoler. "Sexual Affronts and Racial Frontiers: European Identities and the Cultural Politics of Exclusion in Colonial Southeast Asia," *Comparative Studies in Society and History*, no. 3 (July 1992): 536

penindasan — siapa yang melakukan pekerjaan seperti apa, siapa yang bisa tinggal di mana, siapa yang diizinkan berada di tempat seperti apa, dsb — dapat dilihat dari cara orang Belanda berinteraksi dengan berbagai kelompok sosial dan etnis yang ada di Hindia Belanda. Selain itu, mereka juga dicatatkan dan ditempatkan secara paksa di lingkungan binaan. Arsitek dan perancang tata kota bekerja dalam kemungkinan hukum dan peraturan tata ruang yang berlaku, yang dengan sendirinya tidak secara terbuka menetapkan segregasi rasial dan spasial, namun, dirancang untuk memenuhi berdasarkan fungsi masyarakat dan kebudayaan dari satu kelompok tertentu, proyek arsitektur dan perancangan tata kota yang dibangun oleh Belanda di Hindia Belanda mewujudkan logika budaya dan asumsi rasis yang ada dalam masyarakat kolonial. Membaca dengan seksama lingkungan binaan kolonial, berdasarkan peta, gambar, surat kabar, foto, literatur, dan dokumen lainnya, dapat memberi kita wawasan tentang organisasi kolonial dan pengaruhnya terhadap masyarakat Indonesia saat ini. Metode desain dan perencanaan seperti apa yang digunakan Belanda dan dengan cara apa hal ini terus mencerminkan hierarki kolonial? Bagaimana infrastruktur pelayanan ditanamkan ke dalam lingkungan binaan dan apa yang dapat mereka ceritakan tentang sifat dari sistem kolonial ini?

prescribe racial and spatial segregation, however, designed mainly in function of the cultural and societal desires of one particular group, the architecture and urban planning projects constructed by the Dutch in the Indies embody the cultural logic and racist assumptions present in the colonial society. A close reading of the colonial built environment, on the basis of maps, drawings, newspapers, photographs, literature, and other documents, can give us an insight into the organisation of colonial undertaking and the effect it still has on Indonesian society today. What kind of design and planning methods did the Dutch use and in what way do they continue to reflect colonial hierarchies? How were the infrastructures for services embedded into the built environment and what can they tell us about the nature of this colonial system?

ROSY IMAGES OF THE COLONIAL PAST

Hirschel visited Kaliurang several times. On a photograph in his album he appears half drunk on a bottle of wine, hanging out with his friends in the swimming pool see fig. 6. In another we see him during a walk in a highly situated forest, showing his Hungarian friend a view over the village see fig. 5. Hirschel and the people he surrounded himself with were

GAMBARAN MERAH JAMBU ATAS MASA LALU KOLONIAL

Hirschel beberapa kali mengunjungi Kaliurang. Dalam sebuah foto di albumnya, dia tampak setengah mabuk oleh sebotol anggur, *nongkrong* dengan teman-temannya di kolam renang lihat gbr. 6. Di foto lain kita melihatnya sedang berjalan-jalan di hutan yang letaknya tinggi, menunjukkan pemandangan desa kepada temannya yang berasal dari Hongaria lihat gbr. 5. Hirschel dan orang-orang yang mengelilinginya adalah bagian dari berkembangnya kelas menengah Belanda yang kaya, yang mulai muncul pada akhir abad ke-19 di Hindia Belanda. Liberalisasi pasar kolonial setelah tahun 1870-an, yang diikuti dengan penghapusan bertahap *Cultuurstelsel* [Sistem Tanam Paksa] dan terbukanya Hindia Belanda bagi perusahaan swasta yang diberi kesempatan untuk berinvestasi dalam pertambangan bahan mentah, pertanian, perkapalan, perdagangan dan industri, membawa banyak pengusaha ke Hindia Belanda.[5] Setelah pengenalan *Ethische Politiek* [Politik Etis] sekitar tahun 1900, para wirausahawan diikuti oleh para guru, insinyur, dokter dan tenaga medis yang menjawab panggilan etis mereka.[6] Pada tahun 1930-an, ujung akhir dari pasar kerja profesional yang secara bertahap menurun di Belanda, diikuti langsung dengan Depresi Hebat, yang mendorong generasi muda Belanda, pria dan wanita untuk mencoba peruntungan

gbr. 5
fig. 5

5 Huib Akihary, *Architectuur en stedebouw in Indonesië*, 1870/1970 (Zutphen: De Walburg Pers, 1990), 7

6 Francis Gouda, *Dutch Culture Overseas: Colonial Practice in The Netherlands Indies*, 1900-1942 (Amsterdam: Amsterdam University Press, 1995), 28

part of a growing, wealthy Dutch middle class that began to emerge at the end of the nineteen-century in the Dutch Indies. The liberalization of the colonial market after the 1870s, which meant the gradual abolition of the *Cultuurstelsel* [Cultivation System] and the opening up of the Dutch Indies to private enterprises, who were given the opportunity to invest in the mining of raw materials, agriculture, shipping, trade and industry, brought scores of entrepreneurs to the Indies.[5] After the introduction of the *Ethische Politiek* [Ethical Policy] around 1900, the entrepreneurs were followed by teachers, engineers, doctors and medical personnel who answered their ethical vocation.[6] By the 1930s the tail-end of the gradually declining professional job-market in the Netherlands, followed directly by the Great Depression, induced a new generation of young Dutch men and women wanting to try their luck in the Indies. The growing Dutch population had far-reaching consequences for the urbanization of cities on Java. Not only did large numbers of Dutch and other Europeans now settle in newly-build neighbourhoods, they were also looking for business and entertainment opportunities. The rise of holiday resorts, such as Kaliurang, went hand in hand with the desire of the middle class to escape the hectic city life from

5 Huib Akihary, *Architectuur en stedebouw in Indonesië*, 1870/1970 (Zutphen: De Walburg Pers, 1990), 7

6 Francis Gouda, *Dutch Culture Overseas: Colonial Practice in The Netherlands Indies*, 1900-1942 (Amsterdam: Amsterdam University Press, 1995), 28

di Hindia Belanda. Populasi Belanda yang meningkat memiliki konsekuensi yang luas terhadap urbanisasi kota-kota di Jawa. Tidak hanya besarnya jumlah orang Belanda dan orang Eropa lain yang sekarang menetap di lingkungan yang baru saja dibangun, mereka juga mencari peluang bisnis dan hiburan. Maraknya resor liburan, seperti Kaliurang, sejalan dengan keinginan kelas menengah untuk melarikan diri dari hiruk pikuk kehidupan kota dari waktu ke waktu serta untuk mencari suhu yang lebih sejuk, ketenangan, kegiatan olahraga, dan bentuk hiburan lainnya.

Sebagai sebuah tempat peristirahatan, Kaliurang tak berbeda dari tempat lainnya. Sebagian besar kota di Hindia Belanda memiliki bukit/ resor liburan di pegunungan sekitarnya dengan fasilitas dan daya tarik modernnya, (hal ini) kerap menjadi pembanding kehidupan di pinggiran kota Belanda. Iklan di brosur promosi memikat kelas menengah Belanda untuk pergi ke pegunungan dalam perjalanan pendek dan liburan. Di *Mooi Bandoeng* [Bandung yang indah] misalnya, terbitan *Vereniging Bandoeng Vooruit* [Asosiasi Maju Bandung], sebuah iklan berbahasa Inggris menyebutkan bahwa di sekitar kota "... dalam jarak yang mudah dijangkau oleh taksi, sekitar 20 menit atau kurang, terletak tiga 'kota pegunungan yang indah,' Dago, Lembang, dan Tjioemboeleuit, yang terakhir di ketinggian 2.838 kaki di mana banyak villa mewah dibangun. ."[7] Hotel Kalioerang yang berlo-

7 Editorial, "Some Interesting Facts About Bandoeng," *Mooi Bandoeng 7*, no. 6 (1939): 21

time to time in search of cooler temperatures, tranquillity, sporting activities and other forms of amusement.

As a holiday resort, Kaliurang was no exception. Most Dutch Indies cities had hill/holiday resorts in the surrounding mountains which, with their modern amenities and attractions, formed a counterpart to life in the Dutch suburbs. Advertisements in promotional brochures lured the Dutch middle class into the mountains for day trips and holidays. In *Mooi Bandoeng* [Beautiful Bandung] for example, a publication of the *Vereniging Bandoeng Vooruit* [Association Forward Bandung], an English advertisement claimed that in the vicinity of the city "...within easy taxi distance, some 20 minutes or less, lie three beautiful 'mountain suburbs,' Dago, Lembang and Tjioemboeleuit, the latter at a height of 2838 ft. where many fine villas have been built."[7] Hotel Kalioerang in Kaliurang advertised in *De Indische Courant*: "½ hour by car above Djocja, with beautiful views, walks through the forest. Swimming pool and tennis court. Affordable prices. Furnished bungalows for rent as well. All with electric lighting." see fig. 7[8] Some companies owned larger bungalow complexes in the hill resorts to facilitate weekend trips for their personnel, while schools and other religious and educational institutes took their students to these sites for camps and festivities.

gbr. 6
fig. 6

7 Editorial, "Some Interesting Facts About Bandoeng," *Mooi Bandoeng 7*, no. 6 (1939): 21

8 Advertisement "Hotel Kalioerang," *De Indische Courant* (24 October 1929): 11 [own translation] https://www.delpher.nl/nl/kranten/-view?coll=ddd&identifier=ddd:-010279106:mpeg21:p011

kasi di Kaliurang diiklankan oleh *De Indische Courant*: "½ jam dengan mobil di atas Djocja (Jogja), dengan pemandangan yang indah, berjalan-jalan melintasi hutan. Kolam renang dan lapangan tenis. Harga yang terjangkau. Bungalow berperabotan juga disewakan. Semuanya dengan penerangan listrik."[8] lihat gbr. 7. Beberapa perusahaan memiliki kompleks bungalow yang lebih besar di resor bukit ini untuk memfasilitasi perjalanan akhir pekan bagi karyawan mereka, sementara sekolah serta lembaga keagamaan dan pendidikan lainnya membawa siswanya ke lokasi ini untuk berkemah dan perayaan-perayaan.

Di Belanda, fenomena kembali ke pedesaan memiliki sejarah yang panjang yang dapat ditarik sejak abad ketujuh belas. Pedagang dan pengusaha kaya dari Amsterdam melarikan diri dari kota yang bau dan tidak sehat pada bulan-bulan musim panas untuk mencari ketenangan dan udara segar di rumah pedesaan mereka di sepanjang area de *Amstel, de Vecht*, dan in *,t Gooi*. Selama paruh kedua abad kesembilan belas, kemewahan ini menjadi semakin terjangkau oleh kelas menengah kaya — yang punya waktu dan uang, tetapi tidak memiliki rumah musim panasnya sendiri, yang mengarah pada peningkatan bentuk akomodasi liburan lain, seperti hotel dan penginapan.[9] Dengan munculnya taman bungalow dan tempat-tempat perkemahan di tahun 1920-an, perjalanan sebagai kegiatan rekreasional men-

Bandoeng, 22 October (*Aneta*). Kolonel J. G. Koopman, luitenant M. F. Stenger en de militaire paardenarts Jhr. W. Stick van Linschoten vertrokken per *Van Linschoten* naar Nieuw-Holland en Australië, teneinde 270 paarden aan te koopen, ten behoeve van het leger. Zij worden begin Februari terug-verwacht.

HOTEL KALIO

½ uur per auto boven Djocja gelegen, wandelingen door het bosch. Zwembad prijzen. Ook gemeubileerde bungalows verlicht.

T. 133

SOERABAIA

HOTEL PENSION

DAGKAMERS: 1 pers. f 5.— tot f 8.—, 2 pers. f 10.— tot f 12.—

Families speciale

T 41 d

gbr. 7
fig. 7

8 Iklan, "Hotel Kalioerang," *De Indische Courant* (24 October 1929): 11 [terjemahan bebas] https://www.delpher.nl/nl/kranten/view?coll=ddd&identifier=ddd:010279106:mpeg21:p011

9 Mieke Dings, *Tussen tent en villa Het vakantiepark in Nederland 1920-nu* (Rotterdam: nai010 uitgevers, 2015), 23

In the Netherlands, the phenomenon of retreating to the countryside has a long history that goes back to the seventeenth century. Wealthy merchants and entrepreneurs from Amsterdam fled the smelly and unhealthy city in the summer months in search of calmness and fresh air in their country houses along de *Amstel, de Vecht* and in *'t Gooi*. In the course of the second half of the nineteen century, this luxury also became increasingly within the reach of the well-to-do middle classes — who had time and money, but no summer residences of their own, leading to a rise in new forms of holiday accommodation, such as the hotels and the guesthouses.[9] With the emergence of bungalow parks and camping grounds in the 1920s, travelling as a leisure experience became accessible to everyone. A similar trend is seen in the Dutch Indies where hotels, according to Bath Veth, a Dutchman who wrote a book on *Het leven in Nederlandsch-Indië* [Life in the Dutch-Indies], attracted and determined social life: "The overwhelming majority of the European population in the Indies is staying in them. And, what's more, life in the Dutch East Indies goes hand in hand with Indies hotel life."[10] Some who visited Kaliurang talked about the village with melancholy and genuine admiration for its tranquillity, which often reminded them of 'home.' A Dutch soldier who was stationed in the village during the war

9 Mieke Dings, Tussen tent en villa Het vakantiepark in Nederland 1920-nu (Rotterdam: nai010 uitgevers, 2015), 23

10 Bath Veth, *Het leven in Nederlandsch-Indië* (Amsterdam: P.N. van Kampen & zoon, z.j., ca. 1907), 178 [own translation] https://www.dbnl.org/ tekst/veth001leve01_01/ veth001leve01_01_0006. php.

waaraan ook door het eilan
worden deelgenomen, zich om
dienaangaande onder meer
den Nederlandschen gezant
schrijven ddo. 18 Maart 192
Van de regeering van Ne
Indië ontving het, onder d
van 7 October 1929, een

DISPONIBEL:
ruime, frissche, gemeubil.
voorkamer
geschikt voor 2 jongelui f 65.- 's maands
per persoon. Geen beroepspension.
Brieven No. T 4297 Indische Courant.

EIGEN H

jadi mudah untuk diakses oleh banyak orang. Tren serupa terlihat di Hindia Belanda di mana hotel, menurut Bath Veth, seorang Belanda yang menulis buku tentang *Het leven di Nederlandsch-Indië* [Kehidupan di Hindia Belanda], menarik dan menentukan kehidupan sosial: "Mayoritas penduduk Eropa di Hindia tinggal di dalamnya. Dan, terlebih lagi, kehidupan di Hindia Belanda berjalan beriringan dengan kehidupan hotel di Hindia Belanda."[10] Beberapa orang yang mengunjungi Kaliurang membicarakan tentang desa itu dengan melankolis dan kekaguman yang tulus akan ketenangannya, yang sering mengingatkan mereka pada ‚rumah'. Seorang tentara Belanda yang ditempatkan di desa tersebut selama perang antara tahun 1947 dan 1950, menulis: "... Kami berada di dataran tinggi, Anda bisa tahu dari suhunya, yang terasa seperti di Belanda. Detak jam dinding yang tenang, dan kesunyian di luar, dengan suara jangkrik yang lembut, semuanya menghadirkan perasaan bahwa Anda sedang berlibur, menghabiskan sore hari di sebuah rumah pedesaan di suatu tempat di Veluwe."[11]

Sebagian orang lain sangat menikmati keindahan dan hiburannya. Seorang reporter lokal dari Yogyakarta menyebutkan dalam *De Indische Courant* bahwa: "Sejak berdirinya Kali Oerang [Kaliurang], dalam wujudnya yang sekarang, kota kami dapat bersuka cita karena berada di sekitar salah satu resor liburan

10 Bath Veth, *Het leven in Nederlandsch-Indië* (Amsterdam: P.N. van Kampen & zoon, z.j., ca. 1907), 178 [terjemahan bebas] https://www.dbnl.org/ tekst/veth001leve01_01/veth001leve01_01_0006. php.

11 Prajurit, "Kalioerang nu! Hollandse jongens in een bergstadje," *De Vliegende Stoter*, 1947-1950 (pdf), 45 [Terjemahan bebas] https://www. indiegangers.nl/ index.php/ digiboek/category/36-de-vliegende-stoter.

between 1947 and 1950, wrote: "...We are at a high altitude, you can tell by the temperature, which feels like Holland. The quiet ticking of the wall clock, and the silence outside, with the gentle sound of the crickets, it all gives you the feeling that you are on holiday, spending the afternoon in a rural house somewhere in the Veluwe."[11]

Others were excited about its beauty and entertainment. A local reporter from Yogyakarta mentioned in *De Indische Courant* that: "Since the foundation of Kali Oerang [Kaliurang], in its current form, our city can be delighted by the immediate vicinity of one of the most charming holiday resorts in the Indies. And we certainly do not make a bold prediction if we say that this beautiful place on the slope of the Merapi is destined to become one of the most visited health resorts in Java."[12] His words were heard. At a pleasant distance from the hectic and sweltering city life, the village grew into a fully-fledged holiday resvort, well equipped with services for comfort and leisure, such as portable water, electricity, a postal office, police station, market place, a public podium for festivities, several tennis courts see fig. 8, two swimming pools, and a bus service from Yogyakarta to Kaliurang. Along with a growing number of bungalows, hotels and guesthouses also appeared, for example Hotel Kalioerang, Hotel Tiong Hwa, and Hotel Mejuff. Boom.

11 Soldier, "Kalioerang nu! Hollandse jongens in een bergstadje," *De Vliegende Stoter*, 1947-1950 (pdf), 45 [own translation] https://www. indiegangers.nl/index. php/ digiboek/category/36-de-vliegende-stoter.

12 Local editor, "Kali Oerang," *De Indische Courant* (22 June 1928): 1 [own translation] http://resolver.kb.nl/resolvo?urn=ddd:010278607:mpeg21:pdf.

gbr. 8
fig. 8

paling menawan di Hindia Belanda. Dan kami tentunya tidak membuat prediksi yang terlalu berani jika kami mengatakan bahwa tempat indah di lereng Merapi ini ditakdirkan untuk menjadi salah satu resor kesehatan yang paling banyak dikunjungi di Jawa."[12] Kata-katanya didengar oleh banyak orang. Dengan jarak yang cukup mudah dicapai dari kehidupan kota yang sibuk dan terik, desa tersebut tumbuh menjadi resor liburan yang lengkap dengan layanan untuk kenyamanan dan kesenangan, seperti air minum, listrik, sebuah kantor pos, kantor polisi, pasar, podium umum untuk perayaan, beberapa lapangan tenis lihat gbr. 8, dua kolam renang, dan layanan bus dari Yogyakarta ke Kaliurang. Seiring dengan semakin banyaknya bungalow, hotel dan peristirahatan pun mulai bermunculan, seperti Hotel Kalioerang, Hotel Tiong Hwa, dan Hotel Mejuff Boom.

HIRARKI KOLONIAL DALAM PERANCANGAN TATA KOTA

Sebelum desa *Kalioerang* [Kaliurang] secara resmi diakui oleh pemerintah Hindia Belanda pada tahun 1921, kawasan tersebut merupakan bagian dari kompleks *kedjawen* yang dikenal dengan nama Pakem.[13] Di bawah Sultan Hamengkoe Boewono VII pengelolaan Pakem dipercayakan kepada adiknya, Pangeran Adipati Mangkoeboemi, melalui hak milik — baik pemberian

12 Editor lokal, "Kali Oerang," *De Indische Courant* (22 June 1928): 1 [terjemahan bebas] http://resolver.kb.nl/resolve?urn=ddd:010278607:mpeg21:pdf.

13 L.F. Dingemans, *Gegevens over Djokjakarta* (Djokjakarta, 1925), 40.

COLONIAL HIERARCHIES IN URBAN PLANNING

Before the *desa* [village] of *Kalioerang* [Kaliurang] was officially acknowledged in 1921 by the Dutch Indies government, the area was part of the *kedjawen-complex* [arable lands] known under the common name of Pakem.[13] Under Sultan Hamengkoe Boewono VII the management of Pakem was entrusted to his brother, Pangeran Adipati Mangkoeboemi, by means of the appanage right — either a gift of land, an official position, money given to the family or beneficiaries arranged by the Sultan to provide for their maintenance. In the 1880s Mangkoeboemi founded an indigo company in the higher part of this region. Attracted by the excellent climate, and by the presence of the spring Telogo Kepoetren, which was very suitable for the construction of a bathing place, he had the first guesthouse built, that was used by many family members, friends and finally, other guests too. Existing agricultural legislation did not allow Dutch and other foreigners to own land, but in 1917 the Resident[14] and the Sultan of Yogyakarta established a *Commissie voor het Grondbedrijf* [commission on land], which resulted in a law allowing the sale of the Sultan's land to foreigners.[15] This opened opportunities for some Dutch individuals who in 1920 started to negotiate with local claimants to take over their rights on a number of

13 L.F. Dingemans, *Gegevens over Djokjakarta* (Djokjakarta, 1925), 40.

14 A Resident was an administrative function in the British and Dutch colonies. A Resident represented the colonial authority. In the Dutch East Indies, the Resident was the head of a region's administration, supervising a local nobleman or monarch, the Regent.

15 Farabi Fakih, "Kotabaru and the Housing Estate as Bulwark against the Indigenization of Colonial Java," in Cars, Conduits and Kampongs. The Modernization of the Indonesian City, 1920–1960, ed. Freek Colombijn and Joost Coté (Leiden/Boston: Brill, 2014), 160.

tanah, jabatan, uang yang diberikan kepada keluarga atau ahli waris yang diatur oleh Sultan untuk menafkahi pemeliharaan mereka. Pada tahun 1880-an Mangkoeboemi mendirikan perusahaan indigo di dataran tinggi wilayah ini. Tertarik dengan iklim yang sangat nyaman, dan dengan adanya mata air Telogo Kepoetren, yang sangat cocok untuk pembangunan tempat pemandian, ia membangun peristirahatan pertama, yang digunakan oleh banyak anggota keluarga, teman dan pada akhirnya dapat dipergunakan oleh tamu-tamu lain yang datang. Undang-undang pertanian yang ada saat itu tidak mengizinkan orang Belanda dan orang asing lainnya memiliki tanah, tetapi pada tahun 1917 Residen[14] dan Sultan Yogyakarta membentuk *Commissie voor het Grondbedrijf* [komisi atas tanah], yang menghasilkan undang-undang terkait perizinan penjualan tanah Sultan kepada orang asing.[15] Hal ini membuka peluang bagi sebagian orang Belanda yang pada tahun 1920 mulai bernegosiasi dengan warga lokal yang menggugat untuk mengambil alih hak-haknya atas sejumlah kawasan di Kaliurang. Namun, pihak berwenang Belanda memutuskan untuk ikut campur dan membuat seluruh area di Utara dan Barat jalan Kaliurang menjadi tanah Kesultanan agar dapat menyusun jatah pembagian yang sesuai demi pembangunan rumah pedesaan Eropa yang sederhana.[16] Sesuai dengan rencana penjatahan, orang dapat mengajukan permohonan *het Recht van*

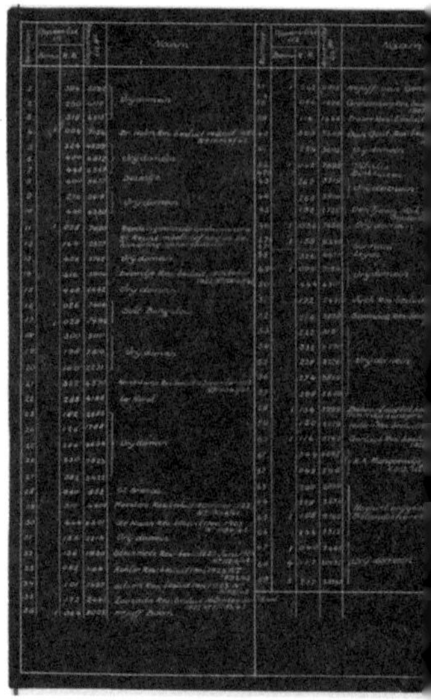

gbr. 9
fig. 9

14 Residen adalah jabatan administratif di negara-negara jajahan Inggris dan Belanda. Residen mewakili pemerintah colonial. Di Hindia Belanda, seorang residen adalah kepala daerah, yang juga bertugas mengawasi bangsawan atau raja setempat.

grounds in Kaliurang. However, the Dutch authorities interfered and decided to make the entire site North and West of the road to Kaliurang free Sultanate domain in order to be able to draw up an appropriate allotment plan for the construction of simple European country houses.[16] In accordance with the allotment plan, persons could apply for *het Recht van Opstal* (the right to own in, on or above a property of another legal entity) for the construction of a bungalow.

A blueprint of the allotment plan of *tuindorp Kalioerang* [garden village Kaliurang], published in *Gegevens over Djokjakarta* [Data on Yogyakarta] in 1925, indicates that the village was planned and set-up according to the ideals of the garden city see fig. 9. A form of planning that made its appearance in Europe at the beginning of the twentieth century in response to the unhealthy, overcrowded cities. Triggered by medical science, hygienist discourse and repeated plague and cholera epidemics, architects and city planners were encouraged to design healthier living environments. Originating from the ideas of the British urban theorist Ebenezer Howard, who had a major influence on urban planning at the time with his book *Garden Cities of Tomorrow* (1902), the garden city became a popular planning model in Europe and the United States for the construction of both the working

16 L.F. Dingemans, *Gegevens over Djokjakarta*, 41.

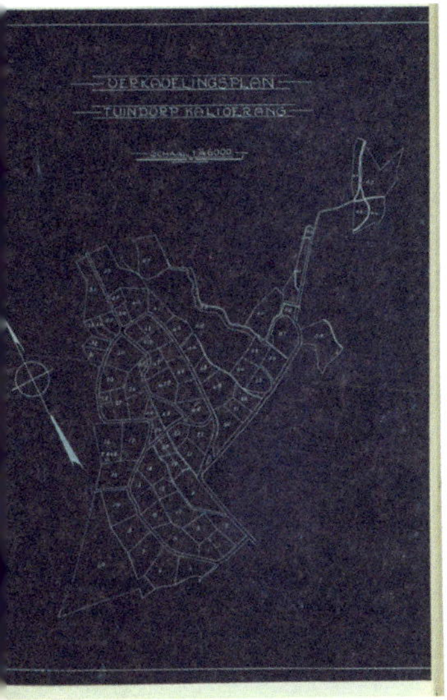

Opstal (hak untuk memiliki atas, atau di atas properti dari badan hukum lain) untuk pembangunan bungalow.

Cetak biru rencana pembagian wilayah *tuindorp Kalioerang* [desa taman Kaliurang] yang diterbitkan di *Gegevens over Djokjakarta* [Data Yogyakarta] pada tahun 1925, menunjukkan bahwa desa itu dirancang dan didirikan sesuai dengan gambaran ideal sebuah kota taman lihat gbr. 9. Suatu bentuk rancang wilayah yang muncul di Eropa pada awal abad ke-20 sebagai respon atas perkotaan yang tidak sehat dan penuh sesak. Dipicu oleh ilmu kedokteran, wacana kebersihan dan wabah yang terjadi berulang serta epidemi kolera, arsitek dan perancang tata kota didorong untuk merancang ruang hidup yang lebih sehat. Bermula dari gagasan ahli teori perkotaan Inggris Ebenezer Howard, yang memiliki pengaruh besar pada perancangan kota pada saat itu dengan bukunya *Garden Cities of Tomorrow* (1902), kota taman menjadi model perancangan yang populer di Eropa dan Amerika Serikat untuk pembangunan ruang hidup bagi kaum pekerja dan kelas menengah di area pinggiran kota. Terletak di luar pusat kota, namun cukup dekat untuk memaksimalkan fungsinya, kota taman menawarkan pola hidup berdampingan yang sempurna antara kota dan alam. Meskipun arsitek, perancang kota, dan pengembang di Hindia Belanda hampir tidak pernah mengacu pada rancangan kota atau literatur profesional dari Eropa, cita-

15 Farabi Fakih, "Kotabaru and the Housing Estate as Bulwark against the Indigenization of Colonial Java," in Cars, Conduits and Kampongs. The Modernization of the Indonesian City, 1920–1960, ed. Freek Colombijn and Joost Coté (Leiden/Boston: Brill, 2014), 160.

16 L.F. Dingemans, *Gegevens over Djokjakarta*, 41.

and middle-class neighbourhoods in suburban areas. Located outside the city center, but close enough to make use of its functions, the garden city proposed a perfect coexistence between city and nature. Although architects, urban designers and developers in the Dutch East Indies hardly ever referred to urban plans or professional literature from Europe, the ideals of the garden city found great resonance in the colony.[17] Almost without exception, Dutch Indies designers drafted their plans for Dutch neighbourhoods on the idea of the garden city. Echoing a romantic sense of old rural life, the green, often spaciously laid out plots, created the necessary air circulation for the tropical climate and better shelter possibilities from the sun. However, the Dutch Indies garden city had another additional feature: the possibility to disconnect it physically from the rest of the 'native' city.[18] This image fits a broader trend in colonial urban planning, — as was also seen at the time in, for example, British India, French Algeria and Morocco, and Belgian Congo — of building European quarters adjacent to native towns and separating them by a so-called neutral zone or cordon sanitaire, a strategic green belt that clearly delineated the segregation of Europeans and local people, imposing a colonial hierarchy through the organization of space.[19] These colonial practices of zoning and segregation were legiti-

17 Pauline van Roosmalen, "*Ontwerpen aan de stad. Stedenbouw in Nederlands-Indië en Indonesië (1905-1950)*" (PhD diss., TU Delft, 2008), 127.

18 Farabi Fakih, "Kotabaru and the Housing Estate as Bulwark against the Indigenization of Colonial Java," 155.

19 Zeynep Çelik, "Cultural Intersections: Re-visioning Architecture and the City in the Twentieth Century," in *At the End of the Century. One Hundred Years of Architecture*, ed. Russell Ferguson. (Los Angeles/ New York: The Museum of Contemporary Art/Harry N. Abrams Inc. Publishers, 1998), 200.

cita sebuah kota taman seolah mendapatkan tempat yang pas di daerah jajahan.[17] Tanpa terkecuali, desainer Hindia Belanda menyusun rancangan mereka untuk lingkungan tempat tinggal orang Belanda berdasarkan gagasan kota taman. Menggaungkan romantisme kehidupan pedesaan lama, suasana yang hijau, dengan penataan ruang yang luas, menciptakan sirkulasi udara yang diperlukan untuk iklim tropis dan kemungkinan perlindungan yang lebih baik dari matahari. Selain itu, kota taman di Hindia Belanda memiliki fitur tambahan: kemungkinan untuk bisa memisahkan diri secara fisik dari area lain di kota ‚asli'nya.[18]

Gambaran ini sesuai dengan tren yang lebih luas dalam perencanaan kota kolonial, — seperti yang juga terlihat saat itu pada, misalnya, India Britania, Aljazair Prancis dan Maroko, serta Kongo Belgia — yang membangun tempat tinggal orang Eropa berdekatan dengan kota-kota asli sekaligus memisahkannya dengan menyebutnya sebagai zona netral atau *cordon sanitaire*, area hijau strategis yang dengan jelas menggambarkan pemisahan orang Eropa dan masyarakat lokal, memaksakan adanya hierarki kolonial melalui pengaturan ruang.[19] Praktik-praktik kolonial tentang zonasi dan segregasi ini dilegitimasi melalui wacana kebersihan dan ilmu kedokteran, yang pada akhirnya diakui sebagai strategi perancangan kota yang diminati pada Kongres Kolonial Prancis pada tahun 1931. Selama Kongres ini

17 Pauline van Roosmalen, "*Ontwerpen aan de stad. Stedenbouw in Nederlands-Indië en Indonesië (1905-1950)*" (PhD diss., TU Delft, 2008), 127.

18 Farabi Fakih, "Kotabaru and the Housing Estate as Bulwark against the Indigenization of Colonial Java," 155.

19 Zeynep Çelik, "Cultural Intersections: Re-visioning Architecture and the City in the Twentieth Century," dalam *At the End of the Century. One Hundred Years of Architecture*, ed. Russell Ferguson. (Los Angeles/ New York: The Museum of Contemporary Art/Harry N. Abrams Inc. Publishers, 1998), 200.

mized through the discourse of hygiene and medical science, and were ultimately acknowledged as desirable urban planning strategies at the French Colonial Congress in 1931. During this Congress a list was formulated, which emphasized among other things that hygiene should be the norm in all dimensions of the plan, and "that consideration should be given to the creation of satellite cities separated by screens of greenery, with the exclusion of any provisions which might prevent contact and collaboration between the races."[20]

A closer look at a topographical map of *Jokjakarta en omstreken* [Yogyakarta and surroundings] produced in 1925, sheds light on the spatial segregational features of Dutch colonial urban planning. The map shows that the new neighbourhood Kotabaru was projected at a specific site, surrounded by clear boundaries: in the South the area was separated from the nearby kampongs[21] by the railway emplacement, in the West by the Code river, and in the North and East by farmlands, graveyards and large building complexes such as schools, military facilities, and hospitals see fig. 10. Presumably designed by Thomas Karsten, one of the most prominent urban planners in the Dutch Indies, and carried out around 1919, Kotabaru was situated outside the city centre of Yogyakarta, yet easily connected to

20 Jean Royer, *l'Urbanisme aux colonies et dans les pays tropicaux* (Never/ Paris: Fortin, 1932), 22 [own translation]

21 Kampong is a word in Malay for a fenced-in yard, a cluster of fenced-in houses that visibly belong together, a town district, or a small village. Larger units of habitation (desa's) are divided into kampongs.

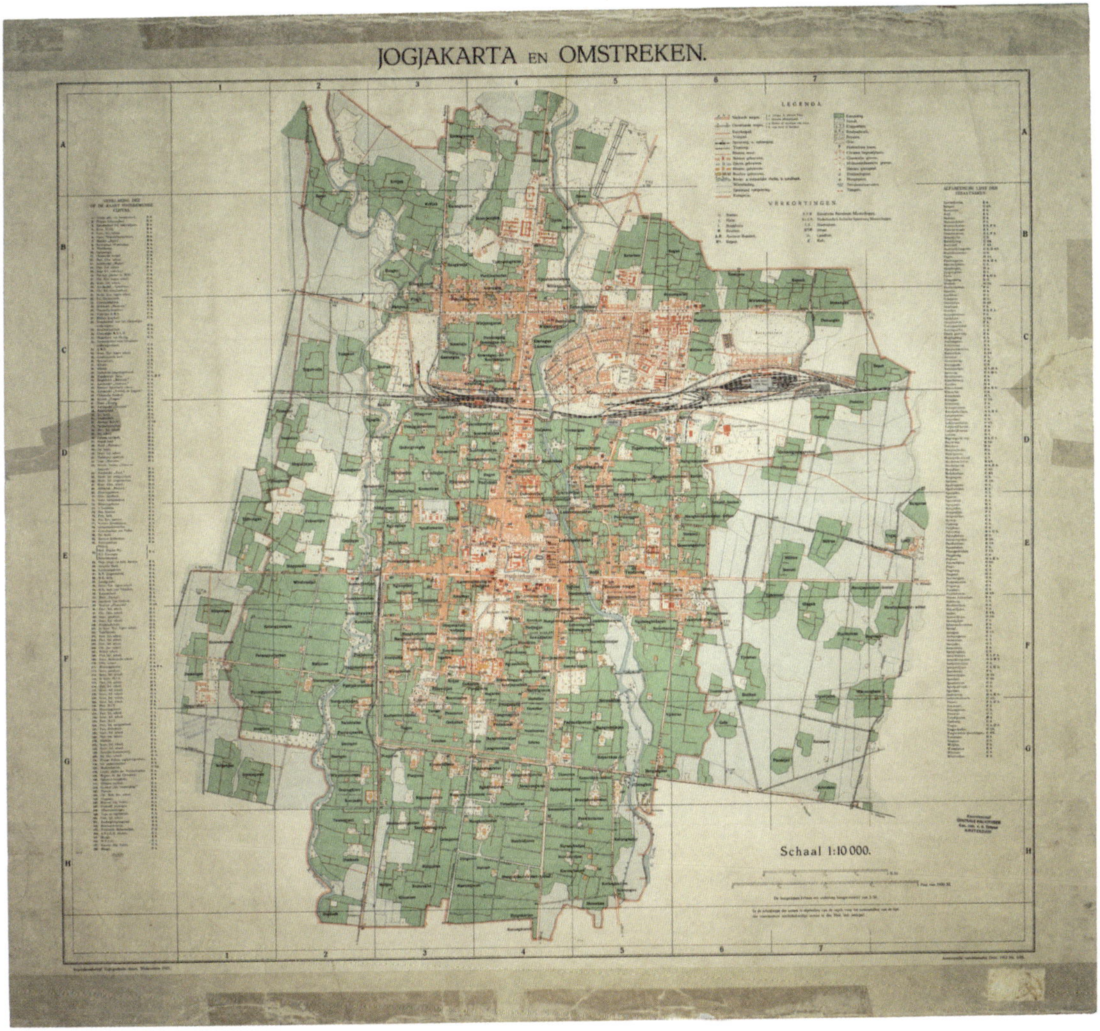
JOGJAKARTA EN OMSTREKEN.
LEGENDA
VERKORTINGEN
Schaal 1:10 000.

gbr. 10
fig. 10

gbr. 11
fig. 11

berlangsung sebuah daftar dibuat, yang antara lain menekankan bahwa kebersihan harus menjadi norma di semua dimensi perancangan, dan „hal itu harus menjadi pertimbangan dalam penciptaan kota satelit yang dipisahkan oleh bentangan area hijau, dengan mengesampingkan ketentuan apa pun yang mungkin mencegah kontak dan kolaborasi antara ras."[20]

Melihat lebih dekat pada peta topografi *Jokjakarta en omstreken* [Yogyakarta dan sekitarnya] yang diproduksi pada tahun 1925, menjelaskan segregasi spasial dari perancangan kota kolonial Belanda. Peta tersebut menunjukkan bahwa lingkungan baru bernama Kotabaru diproyeksikan pada lokasi yang sudah ditentukan, dikelilingi oleh batas-batas yang jelas: di sisi selatan, kawasan ini dipisahkan dari kampung-kampung terdekat[21] dengan peletakan jalur kereta api, di sisi barat oleh sungai Code, dan di sisi utara dan sisi timur oleh tanah pertanian, kuburan dan kompleks bangunan besar seperti sekolah, fasilitas militer, dan rumah sakit lihat gbr. 10. Area yang sekiranya dirancang oleh Thomas Karsten, salah satu perencana kota paling terkemuka di Hindia Belanda, dan dilaksanakan sekitar tahun 1919, Kotabaru terletak di luar pusat kota Yogyakarta, namun dengan mudah terhubung ke stasiun dan area perbelanjaan utama Malioboro melalui jembatan yang baru saja dibangun.[22] Lokasinya berada pada jarak yang aman dari kampung-kampung, tetapi cukup dekat

20 Jean Royer, *l'Urbanisme aux colonies et dans les pays tropicaux* (Never/Paris: Fortin, 1932), 22 [terjemahan bebas]

21 Kampong adalah bahasa melayu untuk sekelompok rumah yang berada dalam satu wilayah, sebuah desa kecil. Ruang hidup yang lebih besar terdiri dari beberapa kampong.

22 Farabi Fakih, *"Kotabaru and the Housing Estate as Bulwark against the Indigenization of Colonial Java,"* 161.

the station and the city's main shopping street Malioboro through a newly constructed bridge.[22] It's location was at a safe distance from the kampongs, but close enough to make use of the essential services its residents provided including housekeepers, nannies, gardeners, chauffeurs, and delivery boys who ran messages.[23] Similar garden neighbourhoods were built all over the Dutch Indies — e.g. Menteng-Nieuw Gondangdia in Batavia [Jakarta] (1910), Darmo in Surabaya (1914) and Nieuw Tjandi in Semarang (1919)— showcasing contemporary town planning technology and incorporating many of the modern amenities of European cities, such as mains delivering potable water, paved roads and footpaths, electricity and the provision of a wide range of sport, education and health facilities.[24]

Although much smaller in scale, the same planning principles underlie the allotment plan of Kaliurang. A topographical map of the village, made in 1934, shows the distinction between the Dutch bungalow area (every bungalow is indicated in red) and the local kampung area (indicated in green) see fig. 11. The servants and their families established themselves in the lower part of the village. Therefore, with its small, compact dwellings, and narrow, winding streets, this part of Kaliurang was very distinct from the higher situated garden village. The Dutch bungalows were built on spacious

22 Farabi Fakih, *"Kotabaru and the Housing Estate as Bulwark against the Indigenization of Colonial Java,"* 161.

23 idem, p. 162.

24 idem, p. 154.

KALIOERANG

Herzien door den Topografischen dienst in 1934.

Midden-Java en Gouvten Jogjakarta en Soerakarta.

Blad 47/XLI q (oud No. XXIII q).

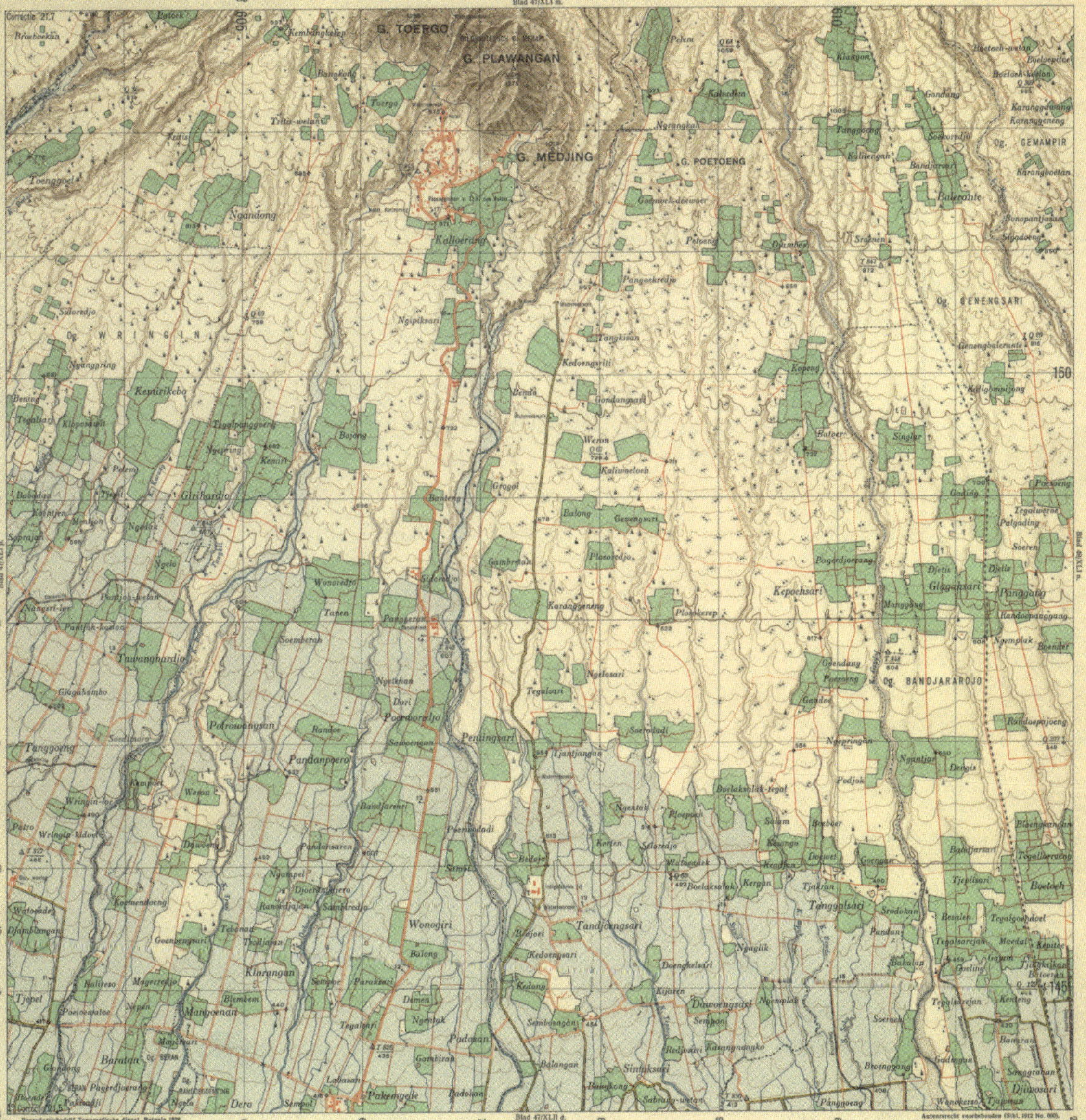

Reproductiebedrijf Topografische dienst, Batavia 1936.

Auteursrecht voorbehouden (Stbl. 1912 No. 600).

Schaal 1 : 25 000.

BLADINDEELING.

TOELICHTINGEN.

In 1924 samengesteld door de Opleidingsbrigade. De terreinvoorstelling is ontleend aan de kaloerahankaarten van het kantoor voor Agrarische Zaken te Jogjakarta en herzien in 1934, voor wat betreft het gedeelte van Midden-Java opgenomen in 1934. Het verticaal verband is verkregen door metingen met de berghmaanle. Het nummer S 485 G. Plawangan komt overeen met dat vermeld in een register, samengesteld door P. A. G. van Alderwerelt van Rosenburgh en J. v. Roon. De coördinaten der gebezigde driehoekspunten komen voor in een register berustende bij de Herzieningsbrigade van Midden-Java te Magelang. Een telefoonlijn loopt langs de wegen: Kalioerang—Pakemgede en verder zuidwaarts; waterreservoir bij Kedoengsriti—Balangan en verder zuidwaarts; waterreservoir bij Kedoengsriti langs het voetpad—waterreservoir bij Ngrangkah, van hier dwars door het terrein—Kaliadem, daarna langs het paardenpad—Kepoehsari—Ngepringan—Bobolan, vervolgens dwars door het terrein—hoogtecijfer 408 en verder langs het paardenpad zuidwaarts. De namen der cultuurondernemingen zijn vergeleken met het „Handboek voor Cultuur- en Handelsondernemingen in Ned. Indië," doch zijn geschreven volgens de „Lijst van de voornaamste aardrijkskundige namen in den Nederlandsch-Indischen Archipel," terwijl de grenzen vergeleken zijn met de ondernemingskaarten van het kantoor voor Agrarische Zaken te Jogjakarta. De naam en grens van het Wildhoutbosch zijn overgenomen van gegevens van den Dienst van het Boschwezen, maar in overeenstemming gebracht met op de kaart voorkomende details. Op de decauvillebanen wordt stoom als beweegkracht gebezigd.

De gewone hoogtelijnen hebben een onderling hoogteverschil van 12½ m, de dikke van 125 m.

ADM. INDEELING.

I	Provincie	Midden-Java.
	Res. (Afd.)	Kedoe.
	Regentschap	Magelang.
	District	Salam.
II	Gouvernement	Jogjakarta.
	Afdeeling	Jogjakarta.
	Regentschap	Jogjakarta.
a	District	Sleman.
b	„	Kalasan.
III	Gouvernement	Soerakarta.
	Afdeeling	Klaten.
	Regentschap	Klaten.
c	District	Gondangwinangoen.
d	„	Djatinom.

untuk memanfaatkan layanan sehari-hari yang disediakan oleh warga kampung termasuk adanya pembantu rumah tangga, pengasuh anak, tukang kebun, sopir, dan pengantar pesan.[23] Lingkungan berwawasan kota taman serupa juga dibangun di berbagai area Hindia Belanda — seperti Menteng-Nieuw Gondangdia di Batavia [Jakarta] (1910), Darmo di Surabaya (1914) dan Nieuw Tjandi di Semarang (1919) — menampilkan teknologi tata kota kontemporer dan menggabungkan banyak fasilitas modern kota-kota Eropa, seperti saluran utama yang menyediakan air minum , jalan dan trotoar beraspal, listrik dan penyediaan berbagai fasilitas olah raga, pendidikan, dan kesehatan.[24]

Meski dalam skala yang jauh lebih kecil, prinsip perancangan yang sama mendasari rencana pembagian wilayah di Kaliurang. Sebuah peta topografi desa, yang dibuat pada tahun 1934, menunjukkan perbedaan antara area bungalow Belanda (setiap bungalow ditandai dengan warna merah) dan area kampung setempat (ditunjukkan dengan warna hijau) lihat gbr. 11. Para pelayan beserta keluarganya menetap di bagian bawah desa. Oleh karena itu, dengan huniannya yang kecil dan padat, serta jalan yang sempit dan berliku, bagian Kaliurang ini sangat berbeda dengan desa taman yang letaknya lebih tinggi. Bungalow Belanda dibangun di atas petak yang luas dengan taman yang terawat dan mudah diakses melalui jalan beraspal baru yang terhubung ke

23 idem, p. 162.

24 idem, p. 154.

plots with well-kept gardens and were easily accessible via newly paved roads connected to networks of water and electricity. All of these features were implemented in such a way as to increase the feeling of being somewhere else, other than in Indonesia. From their quite literal higher position, the Dutch could comfortably overlook life beneath them, disconnected from it, without being bothered by its ins and outs, yet close enough to call upon it when needed. Using the natural heights of the mountainside, the design of the village integrated an almost constant visual supervision, thus spatially amplifying the colonial reality of a deliberately separated and hierarchical world. Again, it becomes clear how the parallel living environments of the masters and servants, of the colonizers and colonized, were spatially segregated.

COLONIAL HIERARCHIES IN ARCHITECTURE

Designed and carried out by local building contractors, the architecture of the hotels and bungalows in Kaliurang was based on a simplified and cheaper version of the traditional and compact Dutch urban villa. Since the beginning of the twentieth century the compact urban villa design was a popular model for newly constructed houses in Dutch Indies neighbour-

jaringan air dan listrik. Semua keunggulan tersebut diterapkan untuk menambah perasaan seperti sedang berada di tempat lain selain di Indonesia. Dari posisi mereka yang secara literal lebih tinggi, orang-orang Belanda dapat dengan nyaman mengabaikan kehidupan di bawah mereka, terputus darinya, tanpa diganggu oleh seluk beluknya, namun cukup dekat untuk memanggil warga yang tinggal di kampung tersebut saat dibutuhkan. Dengan memanfaatkan ketinggian alami lereng gunung, rancangan desa ini melibatkan pengawasan visual yang nyaris konstan, sehingga secara spasial memperkuat realitas kolonial dari dunia yang sengaja dipisahkan dan hierarkis. Sekali lagi, menjadi jelas bagaimana lingkungan hidup paralel dari tuan dan pelayan, dari penjajah dan yang terjajah, dipisahkan secara spasial.

HIRARKI KOLONIAL DALAM ARSITEKTUR

Dirancang dan dikerjakan oleh kontraktor bangunan lokal, arsitektur hotel dan bungalow di Kaliurang didasarkan pada versi sederhana dan lebih murah dari vila tradisional nan ringkas di perkotaan Belanda. Sejak awal abad ke-20, rancangan vila kota yang ringkas adalah model yang populer untuk rumah-rumah yang baru dibangun di lingkungan Hindia Belanda dan lingkungan taman. Dipengaruhi oleh gaya Art Deco modern, vila-vila perkotaan ini disesuaikan dengan iklim tropis dengan

hoods and garden suburbs. Influenced by the modern Art Deco style these urban villas were adjusted to the tropical climate with high and steep roofs in various shapes (tent roof, mansard roof, saddle roof, hipped roof, roofs with wolf ends and owl boards) and ventilation slots providing the necessary air circulation to prevent humidity problems inside, alongside overhanging eaves for protection against the sun and tropical rains, stained glass windows, and a river stone plinth around the outer wall.[25] The houses Sri Hargono and Bapak Siput see photographs p. 26, 27 for example, show a traditional European villa design with a symmetrical and compact building volume, an additional floor, a mansard roof and horizontal window rod distribution. Other bungalows such as Wisma Merbabu, vila Sri Kirono and Wisma Airlangga see photographs p. 49, 25, 48 favoured a more classical style with a monumental entrance that was accentuated into the façade by an overhang of columns.

Many of the bungalows have a veranda which forms a transition between indoors and outdoors. In colonial times, the veranda often functioned as the main entrance, while the backdoor was used to reach the annex, a very modest building separated from the main house and situated in the back garden. The annex was predominantly used by servants (house-

25 Emile Leushuis, *Gids historische stadswandelingen Indonesië* (Arnhem: LM Publishers, 2014), 41-42.

atap tinggi dan curam dalam berbagai bentuk (atap tenda, atap *mansard*, atap pelana, atap berpinggul, atap dengan *wolf ends* dan *owl boards*) dan ventilasi yang menyediakan celah sirkulasi udara yang diperlukan untuk mencegah masalah kelembapan di dalam ruang, atap samping yang menjorok untuk perlindungan terhadap matahari dan hujan tropis, jendela kaca patri, dan alas batu sungai di sekitar dinding luar.[25] Rumah Sri Hargono dan Bapak Siput lihat foto hal. 26, 27 misalnya, menampilkan desain vila tradisional Eropa dengan volume bangunan yang simetris dan ringkas, lantai tambahan, atap mansard, dan pembagian batang jendela horizontal. Bungalow lain seperti Wisma Merbabu, vila Sri Kirono, dan Wisma Airlangga lihat foto hal. 49, 25, 48 lebih menyukai gaya klasik dengan pintu masuk monumental yang menekankan pada façade dengan kolom yang menjorok.

Banyak bungalow memiliki beranda yang menjadi transisi antara area dalam dan luar ruangan. Pada zaman kolonial, beranda sering berfungsi sebagai pintu masuk utama, sedangkan pintu belakang digunakan untuk mencapai paviliun, sebuah bangunan sangat sederhana yang terpisah dari rumah utama dan terletak di taman belakang. Paviliun ini sebagian besar digunakan oleh para pelayan (pembantu rumah tangga, juru masak, sopir, tukang kebun, penjaga, dll.) selain dilengkapi kamar mandi dan toilet, paviliun juga melingkupi ruang kerja seperti dapur, gudang dan

25 Emile Leushuis, *Gids historische stadswandelingen Indonesië* (Arnhem: LM Publishers, 2014), 41-42.

keeper, cook, chauffeur, gardener, guard etc.) as, besides the bathroom and toilet, it housed workspaces such as the kitchen, storage and garage. From the annex servants could enter the main house via the backdoor where they could then discreetly reach several rooms. The majority of the bungalow floor plans, such as those of Vila G.B.P.H. Hadikusumo, Vila Mondesir and Wisma Tirta Daya PLN see photographs p. 13, 19, 39, demonstrate that a small room for the servants or so-called *Rumah Penjaga* [guard house] was situated in the annex, often behind or next to the garage.[26] Sometimes the servant rooms were housed indoors, as becomes clear in the floorplan of Wisma Airlangga see photograph p. 48. In this case the internal circulation scheme was designed in such a way that it would ensure limited contact between the residents/guests and the staff by separating the main sections of the house from the servants rooms with a 'neutral' space such as a kitchen, corridor or storage space. On a micro level the floor plans and internal organization of the colonial bungalows echo the spatial hierarchy that can also be seen on the level of the city and the village: within the domestic environment the living spaces of the Dutch were segregated from the service and work spaces used by the servants.

26 Angelica Hedy Andani, "*Strategi Pelestarian Bangunan Kolonial di Kaliurang*" (Thesis, Gadja Mada University, 2011)

garasi. Dari paviliun, para pelayan bisa memasuki rumah utama melalui pintu belakang di mana mereka bisa secara diam-diam mencapai beberapa kamar. Sebagian besar denah ruang bungalow, seperti yang ada di Vila G.B.P.H. Hadikusumo, Vila Mondesir dan Wisma Tirta Daya PLN lihat foto hal. 13, 19, 39, memperlihatkan bahwa sebuah ruangan kecil untuk pelayan atau biasa disebut *Rumah Penjaga* terletak di paviliun, yang seringnya berada di belakang atau di samping garasi.[26] Terkadang kamar pembantu ditempatkan di dalam bangunan utama, seperti terlihat jelas pada denah Wisma Airlangga lihat foto hal. 48. Dalam hal ini skema sirkulasi internal dirancang sedemikian rupa sehingga akan membatasi kontak antara penghuni / tamu dan staf dengan memisahkan bagian utama rumah dari ruang pelayan dengan ruang ‚netral' seperti dapur, koridor atau ruang penyimpanan. Pada tingkat mikro, denah ruang dan organisasi internal bungalow kolonial yang menggemakan hierarki spasial yang juga dapat dilihat pada tingkat kota dan desa: di dalam lingkungan domestik, ruang keluarga orang Belanda dipisahkan dari layanan dan ruang kerja yang digunakan oleh para pelayan.

MASA LALU KOLONIAL DI MASA KINI

Kolonialisme pada akhirnya menentukan tampilan spasial dan arsitektural Kaliurang sebagai tujuan wisata dan tempat per-

26 Angelica Hedy Andani, "*Strategi Pelestarian Bangunan Kolonial di Kaliurang*" (Thesis, Gadja Mada University, 2011)

THE COLONIAL PAST IN THE PRESENT

Colonialism ultimately determined Kaliurang's spatial and architectural appearance as a tourist destination and holiday retreat. Today, Kaliurang is still a holiday destination and many villagers depend on tourism as their main source of income. Since the construction of the first colonial bungalows a century ago, the village has endured several eruptions of the Merapi yet is largely preserved in its original state. The layout of the allotment plan is still visible, the majority of the bungalows have retained some or all of their original floor plans and, minus some visual or practical alterations, they showcase their initial designs. The bungalows which were owned and used by private families during colonial times have become guest houses that are rented out and open to anyone who can afford it. Kaliurang promotes itself mainly as an adventurous weekend destination. One can alternate between Jeep tours and mountain hikes with the additional opportunity of a relaxing swim in the Tlogo Muncar waterfall or a visit to the Royal Ullen Sentalu museum. The current touristic experiences and the focus on more recent histories, such as the Japanese occupation and the negotiations for independence led by Sukarno and Hatta, that partly took

istirahatan. Saat ini, Kaliurang masih menjadi area tujuan wisata dan banyak diantara penduduk desa bergantung pada pariwisata sebagai sumber pendapatan utama mereka. Sejak pembangunan bungalow kolonial pertama seabad yang lalu, desa ini telah mengalami beberapa kali erupsi Merapi namun sebagian besar bangunan masih dalam wujud aslinya. Tata letak rencana pembagian wilayah masih terlihat, sebagian besar bungalow masih mempertahankan sebagian atau semua denah ruang aslinya dan, tanpa perubahan visual atau perubahan fungsi, bangunan ini menggambarkan rancangan awalnya. Bungalow yang dimiliki dan digunakan oleh keluarga pribadi pada masa kolonial telah menjadi wisma yang disewakan dan terbuka bagi siapa saja yang mampu menyewanya. Kaliurang mempromosikan dirinya sebagai tujuan akhir pekan yang penuh petualangan. Pengunjung dapat memilih antara tur Jeep dan mendaki gunung dengan kesempatan tambahan untuk berenang santai di air terjun Tlogo Muncar atau mengunjungi museum Ullen Sentalu. Pengalaman wisata masa kini dan fokusnya pada sejarah yang lebih baru, seperti pendudukan Jepang dan negosiasi kemerdekaan yang dipimpin oleh Sukarno dan Hatta, yang sebagian berlangsung di desa ini, meletakan kenangan kolonialisme sebelumnya sebagai latar belakang dan mengaktifkan bungalow dengan pemahaman baru.

place in the village, pushed the previous memories of colonialism to the background and activated the bungalows with new meanings.

This process reflects the broader cultural scope that the young Indonesian Republic propagated from the 1950s onwards, which focused on nation building and the construction of a national history and identity.[27] The appointment of new national monuments, such as Borobudur and Prambanan, evoked the history of a pre-colonial unified past, and the development of new and modern infrastructures, buildings and city plans glorified a newly constructed national identity. These tendencies left the built legacy of the recent colonial past largely ignored; colonial memorials were removed, but the buildings and city plans, designed and built by the Dutch, remained virtually unchanged.[28] Kaliurang is an interesting example of this. The colonial connotation of Kaliurang as a Dutch holiday resort has not been wiped out, but simply disregarded for decades, leaving the bungalows untouched. Their presence and the way they are used today, therefore, continue to have an effect on social life. Colonial forms of spatial hierarchies live on in different ways. For example, through the traditional feudal rule of the Sultan and his family — who still own large properties in the village and continue to have major influence and power on spatial

27 Marieke Bloembergen and Martijn Eickhoff, *The Politics of Heritage in Indonesia, A Cultural History* (Cambridge University Press, 2020), 194-195.

28 Pauline van Roosmalen, "*Confronting built heritage: Shifting perspectives on colonial architecture in Indonesia,*" *ABE Journal*, 3 (March 2013): 17, https://journals.openedition.org/abe/372.

Proses ini mencerminkan lingkup budaya lebih luas yang disebarkan oleh Republik muda Indonesia pada tahun 1950-an, yang berpusat pada pembangunan bangsa dan pembangunan sejarah serta identitas nasional.[27] Penetapan monumen nasional baru, seperti Borobudur dan Prambanan, membangkitkan sejarah masa lalu pra-kolonial dalam satu pemahaman, dan pembangunan infrastruktur, bangunan, serta tata kota yang baru dan modern memuja identitas nasional baru yang sedang dibangun. Kecenderungan ini mengabaikan sebagian besar warisan yang dibangun dari masa akhir kolonial; tugu peringatan kolonial disingkirkan, tetapi bangunan dan denah kota, yang dirancang dan dibangun oleh Belanda, tidak banyak berubah.[28] Kaliurang adalah contoh menarik. Konotasi kolonial bahwa Kaliurang dibangun sebagai resor liburan Belanda belum hilang, tetapi diabaikan begitu saja selama beberapa dekade, sehingga bungalow-bungalow itu tidak tersentuh. Kehadiran bangunan-bangunan tersebut dan cara mereka digunakan saat ini, masih terus berpengaruh pada kehidupan sosial. Bentuk kolonial dari hirarki spasial berlangsung dalam berbagai cara. Misalnya, melalui pemerintahan feodal tradisional Sultan dan keluarganya — yang masih memiliki banyak properti di desa dan terus memiliki pengaruh serta kekuasaan besar pada konstelasi spasial dan sosial di desa, — namun juga melalui prinsip dasar rancangan segregasi spasial

27 Marieke Bloembergen dan Martijn Eickhoff, *The Politics of Heritage in Indonesia, A Cultural History* (Cambridge University Press, 2020), 194-195.

28 Pauline van Roosmalen, "*Confronting built heritage: Shifting perspectives on colonial architecture in Indonesia,*" *ABE Journal*, 3 (March 2013): 17, https://journals.openedition.org/abe/372.

and social constellations in the village,— yet also through the underlying colonial design principles of spatial segregation that have remained intact. The division between garden village and kampong is still visible, and many of the servants and housekeepers that worked for the Dutch bungalow owners continued their jobs after independence, albeit with a new 'master' and/or homeowner. Some housekeepers have told me that, by now, these jobs have been kept in the family for two or three generations.

Behind the official national histories, however, local memories of the colonial past have not been forgotten. They continue to exist and are very much part of daily life. The way in which the local villagers perceive the histories of Kaliurang, and more specifically its bungalows, is rich and visual yet only tangible through storytelling. In contrast with the academic approach towards history, in which I was schooled, and of which literature, documents, archives, etc. are the main sources, the storytelling I encountered in Kaliurang finds its sources all around. Stories are not so much sought after, as they exist in the form of personal and local memories or present themselves to individuals in the forms of spirits and ghosts that inhabit the bungalows, and other places. These kinds of stories and appearances cannot be traced back to a document or archive, or anything that is

kolonial yang masih utuh. Pembagian antara desa taman dan kampung masih terlihat, dan banyak dari pelayan dan pengurus rumah yang bekerja untuk pemilik bungalow Belanda melanjutkan pekerjaan mereka setelah kemerdekaan, meskipun dengan majikan dan / atau pemilik rumah yang berganti. Beberapa pengurus rumah tangga mengatakan kepada saya bahwa, saat ini, pekerjaan ini telah dikerjakan oleh keluarganya selama dua atau tiga generasi.

Namun, di balik sejarah resmi nasional, ingatan lokal tentang masa kolonial belum dilupakan. Hal ini terus ada dan menjadi bagian dari kehidupan sehari-hari. Cara penduduk setempat memandang sejarah Kaliurang, dan lebih khususnya pada sejarah bungalow-bungalownya, cukup kaya dan visual namun hanya dapat digambarkan melalui cerita. Berbeda dengan pendekatan akademis terhadap sejarah, yang saya pelajari, serta literatur, dokumen, arsip, dll. yang menjadi sumber utama, penceritaan yang saya temui di Kaliurang dihasilkan dari berbagai sumber. Cerita tidak begitu banyak dicari, karena ada dalam bentuk ingatan pribadi dan lokal atau menampilkan dirinya kepada individu dalam bentuk roh dan hantu yang menghuni bungalow, ataupun tempat lainnya. Jenis cerita dan penampakan ini tidak dapat ditelusuri kembali ke dokumen atau arsip, atau apa pun yang dianggap ‚bukti' dalam konteks akademis Barat.

considered 'proof' in a Western academic context. Yet it is in these stories that actual encounters take place between the Dutch and local experiences, something that is completely absent in colonial archives. In Kaliurang, histories reverberate and live on to be continuously activated without solidifying in a certain time, much like the half slumbering Merapi volcano on which the village was built. ¶

Namun dalam cerita-cerita inilah pertemuan aktual terjadi antara pengalaman Belanda dan lokal, sesuatu yang sama sekali tidak muncul dalam arsip kolonial. Di Kaliurang, sejarah bergema dan terus hidup untuk selalu diaktifkan tanpa ketentuan waktu yang solid, seperti halnya Gunung Merapi yang tenang tempat desa itu dibangun. ¶

Genealogi dan Cara Hidup Berdampingan dengan Hantu-Hantu

The Genealogy of Ghosts and How to Co-Live with Them

Mira Asriningtyas

CERITA HANTU 01: NOSTALGIA SEBAGAI HANTU

"Terkadang, orang-orang di sekitar sini bisa melihat hantu seorang wanita Belanda berbaju putih, menyusuri jalan itu di sore hari, menuju ke rumah tua di ujung sana, sosoknya sehalus sutra, seakan sibuk dengan urusannya sendiri. Kami selalu diam ketika berhadapan dengannya, tidak ingin mengganggunya. Mungkin dia bahkan tidak menyadari bahwa kami bisa melihatnya. Kami bertetangga sehingga ia juga tidak akan mengganggu kami"

Teman saya menceritakan kisah tersebut saat kami menyusuri jalan kecil di area berdirinya bangunan-bangunan kolonial tua di Kaliurang. Penduduk setempat menyebut area ini dengan sebutan 'Ngloji', tempat dibangunnya bungalow-bungalow milik keluarga kerajaan dan orang-orang Belanda yang mencari kegiatan rekreasional pada akhir 1920-an. Istilah 'Ngloji' mengacu pada area dibangunnya 'loji'— bangunan kolonial dengan beton-beton besar yang berbeda dari rumah-rumah rakyat Indonesia pada umumnya. Saya tinggal 10 menit saja jaraknya dari sana, tepat di bawah Ngloji, di area kampung penduduk. Teman saya tumbuh dalam lingkungan yang berbeda dengan saya — dia, sebagai tetangga dekat para hantu; saya, sebagai pelamun yang terkadang membayangkan kisah bungalow-bungalow itu. Kelu-

GHOST STORY 01: NOSTALGIA AS A GHOST

"Sometimes, people in this neighborhood can see the ghost of a Dutch lady in white, walking down the street in the afternoon, heading to that old house, smooth as silk, minding her own business. We always turn silent in her presence, not wanting to disturb her. Maybe she doesn't even realize that we can see her. She is our neighbor so she won't disturb us either"

My friend told me this story as we walked down the small street where the old colonial buildings are situated in Kaliurang. The locals refer to this area as 'Ngloji', the place where the bungalows of the royal family and Dutch leisure seekers were built in the late 1920s. The term 'Ngloji' refers to an area where 'loji'— big concrete colonial lodges or buildings that are different from Indonesian vernacular dwellings — were built. I live 10 minutes away from that area, just below Ngloji, in the village kampong. My friend and I grew up in different settings — he, as neighbor of the ghosts; me, as a daydreamer who made up stories about the bungalows. His family, a generation of bungalow caretakers, live at the back of one of those colonial houses. Just like other people living in this area, he sometimes

arganya secara turun temurun merupakan penjaga bungalow yang tinggal di belakang salah satu rumah kolonial tersebut. Sama seperti orang yang tinggal di daerah tersebut, terkadang dia melihat sekilas sosok wanita berbaju putih. Ketika saya masih kecil, terkadang saya menjelajahi area Ngloji dan mengarang cerita tentang bungalow-bungalow tersebut. Bentuk bangunan-bangunannya selalu membuat saya takjub, seakan muncul langsung dari buku anak-anak; rumah dari waktu yang berbeda, terisolasi dari kenyataan. Bangunan-bangunan ini biasanya terdiri dari satu lantai, umumnya dicat dengan warna putih, berdiri di tengah taman yang rimbun atau halaman rumput yang luas, dengan jendela besar — seolah-seolah pemiliknya tak ingin menyia-nyiakan sinar matahari tropis yang melimpah. Dulu saya membayangkan rumah-rumah di Belanda akan terlihat seperti ini. Bertahun-tahun kemudian saya mengetahui bahwa gaya bangunan seperti itu hanya dapat ditemukan di kota-kota dan lingkungan orang kaya di Belanda. Saya menghabiskan waktu berjam-jam menjelajahi jalanan Ngloji dengan banyak pertanyaan: Mengapa rumah-rumah ini selalu terlihat kosong dan tidak berpenghuni (kecuali kehadiran tukang kebun yang merawat kebun)? Siapa yang tinggal di dalamnya? Apa cerita mereka? Apakah bangunan-bangunan ini punya nama?

gbr. 12
fig. 12

Kaliurang terletak di sisi utara kota Yogyakarta pada ketinggian 900 meter di atas permukaan laut dan berjarak 7 km saja dari Gunung Merapi. Kaliurang memiliki iklim mikro yang membuat hawanya selalu terasa seperti musim semi. Suhunya sejuk, sinar mataharinya hangat, dengan angin yang dingin. Di masa kolonial, iklim ini menarik bagi pribadi-pribadi penderita romantisme akut yang merindukan tanah air mereka sekaligus masih ingin menikmati waktunya di daerah tropis sedikit lebih lama. Mereka membawa suasana melankolis penuh nostalgia yang tiada habisnya — diwakili oleh keberadaan bungalow-bungalow ini. Bahkan sejak awal dibangun, bungalow-bungalow tersebut sudah tidak terhubung dengan kenyataan. Bungalow-bungalow ini dimaksudkan sebagai cerminan kehidupan di tanah air yang jauh tetapi dengan sentuhan tropis yang khas. Berjalan di sekitar lingkungan ini, siapa pun dapat merasakan hadirnya suasana pelarian tersebut. Area bungalow ini awalnya dibangun sebagai tempat liburan. Sebuah rumah yang bisa dipamerkan untuk menjamu tamu di masa ketika udara segar dinilai sama modisnya dengan '*uithuizigheid*[1]', kegiatan *plesir* ke luar rumah untuk mencari kesenangan. Area bungalow tersebut dilengkapi dengan aliran listrik, angkutan umum, lapangan tenis, kolam renang, kantor pos, hotel, dan restoran. "Bungalow dibangun sebagai kota tiruan di daerah pegunungan, [...] sebuah pengganti bagi

1 Mrazek, Rudolf. "Menara-Menara" dalam *Engineers of a Happy Land: Technology and Nationalism in a Colony*, 69. Jakarta: Yayasan Obor Indonesia, 2006.

catches a glimpse of the lady in white. When I was younger, sometimes I would venture all the way up to Ngloji, making up stories of the bungalows. Their appearance always amazed me, as if they came straight out of a children's book; houses of a different time, isolated from reality. They usually comprised of a single floor, were often painted white, standing amidst a lush garden or wide lawn, with big windows — not to waste the ample tropical sun. I used to imagine that houses in the Netherlands looked like this. Years later I found out that this wasn't the case and that such styles can be found only in certain wealthy Dutch towns and neighborhoods. I would spend hours roaming the streets of Ngloji with plenty of questions: Why do these houses always look empty and uninhabited (except for the gardener who tends the garden)? Who lives in them? What is their story? Do they have names?

Kaliurang is located 900 meters above sea level, north of Yogyakarta, 7km away from the crater of the active stratovolcano, Mount Merapi. Kaliurang has its own microclimate that feels like spring. The temperature is mild, the sun is warm, and the wind chilled. In colonial times the climate attracted incurable romantics who longed to return to their native land but at the same time enjoyed being in the tropics. They brought with them an

model kota Eropa, *poppenhuisjes* (rumah boneka).[2]" Hal itu dimaksudkan untuk membuat orang merasa terhubung dengan rumah yang berada nun jauh di sana. Untuk meregangkan logika atas simetri dan perasaan betah di rumah bungalow tersebut, beberapa keluarga bahkan bertindak lebih jauh dengan membangun rumah kembar dengan ukuran dan gaya yang sama persis: rumah asli yang berada di kota untuk kehidupan sehari-hari dan rumah kembarannya yang berada di Kaliurang untuk liburan.

Setelah Indonesia meraih kemerdekaannya, hak milik atas bungalow-bungalow ini berpindah tangan. Sebagian besar pemilik baru memutuskan untuk memulai dari awal dengan memilih nama dan identitas baru. Tetapi beberapa lainnya tetap menggunakan nama aslinya, seperti yang tertulis di dinding: memorabilia atas harapan yang memudar dan tempat-tempat yang diciptakan berdasarkan imajinasi. 'Mon Desir' adalah salah satu nama asli yang selalu membuat saya penasaran lihat foto hal. 19. Apa yang membuat sebuah rumah pantas mendapatkan nama yang begitu penuh hasrat? Perjuangan tanpa henti demi meraih kesenangan — atau romansa? Sedangkan untuk bungalow-bungalow tanpa nama, penduduk setempat kerap memberinya julukan. Sesuatu yang intim, yang hanya ditujukan dan dipahami oleh orang-orang dalam lingkaran terdekat. Bungalow tanpa nama ini memiliki kesempatan untuk menemukan kembali makna ruangnya,

2 Idem., 97. Lihat juga "Bungalow-itis." National Commentaren, November 1, 1941, Vol.4 ed.

endless air of nostalgia and pathos, represented by the bungalows. From the very first moment they were built, the bungalows have been out of touch with reality. They were meant to be a mirror image of life in the homeland but with an added touch of the tropics. Walking around the neighborhood, one can also feel this air of escapism. The bungalows were initially built as getaway places. A show house to host guests in a time when fresh air was just as fashionable as '*uithuizigheid*'[1], the practice of going out of one's house to seek pleasure. The bungalow area was completed with the addition of electricity, public transportation, tennis courts, swimming pools, a post office, hotels, and restaurants. "The bungalows were built as a toy town in a real mountain area, [...] a replacement of European city models, *poppenhuisjes*[2]." It was meant to make people feel perfectly in sync with home away from home. To stretch the logic of symmetry and the feeling of being at home in the bungalows, where some families even went as far as building twin houses with the exact same measurements and style: the original home in the city for daily life and a copy of it in Kaliurang for holidays.

After Indonesia gained independence, the ownership of these bungalows went into different hands. Most of the new owners decided to start afresh, choosing new names and new identities. But some others kept their

1 Mrázek, Rudolf. "Menara-Menara." In *Engineers of a Happy Land: Technology and Nationalism in a Colony*, 69. Jakarta: Yayasan Obor Indonesia, 2006.

2 Ibid., 97. See "Bungalow-itis." *Nationale Commentaren*, November 1, 1941, Vol.4 ed.

dan menciptakan imajinasi baru dengan kekhasan mereka sendiri. Contohnya adalah sebuah bungalow yang oleh penduduk setempat disebut sebagai '*Omah e Babah e Waung*' [Rumah si Kakek pemilik anjing], sebuah bungalow tua indah tempat seorang lelaki tua dulu tinggal sendirian bersama tujuh ekor anjingnya. Ketika orang tua tersebut meninggal, bangunan itu ditinggalkan selama bertahun-tahun. Tindakan menelantarkan bungalow adalah hal biasa di daerah ini, terutama setelah siklus erupsi Gunung Merapi yang besar terjadi. Bertahun-tahun kemudian, tidak hanya namanya yang terlupakan, bangunan tua itu juga dihancurkan bersamaan dengan memudarnya ingatan atas lelaki tua dan anjing-anjingnya. Bangunan rumah tersebut kini digantikan oleh dengan hotel dan restoran baru yang tidak dapat dibedakan dari hotel modern di Indonesia pada umumnya. Pola penampakan hantu pada bangunan kolonial lama pun turut berubah seiring berubahnya nama tempatnya. Saat hantu Belanda menghilang, sosoknya tergantikan oleh hantu lokal. Dan ketika bangunannya benar-benar dihancurkan, penampakan menyerupai hantu secara misterius menghilang bersamanya.

Hal ini mengingatkan saya pada adegan film karya Lowery berjudul "A Ghost Story"[3] di mana karakter utama, si hantu, terlihat bercakap-cakap dengan hantu tetangga yang sedang menunggu seseorang yang tidak dapat diingatnya lagi, di dalam

3 *A Ghost Story.* Disutradarai oleh David Lowery. A24, 2017.

original names, as written on the wall: the original memorabilia of faded hope and invented places. 'Mon Desir' is one of those original names that intrigues me see photograph p. 19. What makes a house deserve such a sultry name? A desperate striving for pleasure, or romance? As for the nameless bungalows, the locals gave them nicknames. Something intimate, referred to only among inner circles of friends and families. Nameless bungalows gave the opportunity to reinvent the places, create new imaginations with meanings of their own. An example was a bungalow that locals refer to as '*Omah e Babah e Waung*' [The house of the Grandpa with dogs], a beautiful old bungalow where an old man used to live alone with seven of his dogs. When the old man passed away, the building was abandoned for many years. The act of abandoning bungalows is common in the area, especially after a big Mount Merapi eruption. Years later, not only was the name erased, the old building was demolished as the memories of the old man and his dogs faded away. The house has now been replaced with a new hotel and a restaurant, indistinguishable from any other modern or generic hotel built in Indonesia. The pattern of ghost appearances in the old colonial building changed as the name was changed. While Dutch ghosts disappeared, more and more local ghosts were seen. And when the building was

sebuah rumah kosong — hingga akhirnya ia terlepas dari beban ingatannya dan ikut hilang setelah rumah itu dirobohkan. Menurut kepercayaan masyarakat setempat, jika seseorang meninggal secara tidak wajar sebelum waktunya, jiwa orang tersebut akan tetap tinggal sebagai hantu sampai waktunya tiba. Ketika waktunya telah tiba, hantu tersebut akhirnya dapat bergerak dan melayang menjauh dari tempat dan waktu yang menahannya di dunia manusia. Sosok hantu mungkin tidak selalu terlihat dengan mata telanjang kita, tetapi terkadang dapat dirasakan sebagai sebentuk kehadiran atau energi. Sedangkan fantasma adalah penampakan hantu, yang hadir sebagai gambaran mimpi atau ilusi optik, yang tidak selalu mewakili subjek yang sebenarnya tetapi lebih memvisualisasikan apa yang orang pikirkan tentangnya. Dalam *Notes of the Phantom*[4], Nicolas Abraham percaya bahwa fantasma adalah ciptaan makhluk hidup, dimaksudkan untuk menghadirkan wujud dari yang tak terlihat/ tak terucapkan sehingga mampu muncul bahkan dalam mimpi kolektif. Oleh karena itu, apa yang menghantui kita bukanlah sosok orang yang sudah mati; tetapi cara kita mencoba mengisi celah yang ditinggalkan *kematian* sebagai sebuah gagasan di dalam diri kita — rahasianya, pengetahuan yang ditutupi, sejarah yang tak terungkap, dan kebenaran yang tak terkatakan. Hal ini mungkin saja apa yang terjadi pada hantu Lowery, yang melupakan subjek

4 Abraham, Nicolas. "Notes of the Phantoms." Dalam *The Shell and the Kernel: Renewals of Psychoanalysis*, 171–176. Chicago: University of Chicago Press, 1994.

completely demolished, the phantom-like appearances mysteriously vanished along with it.

It reminds me of a scene from Lowery's movie "A Ghost Story"[3] where the main character, a ghost, is seen conversing with a neighboring ghost who is waiting for someone it can no longer remember, inside an abandoned house — only to be released from the weight of its forgotten memory once the house is torn down. According to local belief, if someone dies unnaturally before his/her time, the soul of that person would linger as a ghost until the right time comes. When this time does come, the ghost will finally be able to move on and float away from the place and time that holds it to the human world. A ghost might not always be visible to our bare eyes, it can instead simply be felt as a presence or energy. Whereas a phantom is an apparition of the ghost, present as a dream image or optical illusion, which does not always represent the true subject but instead visualizes more what people think of it. In his *Notes of the Phantom*[4], Nicolas Abraham believes that a phantom is an invention of the living, meant to objectify the unseen/unspoken and able to appear even in a collective hallucination. What therefore haunts us is not the dead but the way we try to fill the gaps that death as an idea leaves within us through its secrets, repressed knowl-

3 *A Ghost Story*. Directed by David Lowery. A24, 2017.

4 Abraham, Nicolas. "Notes of the Phantoms." In *The Shell and the Kernel: Renewals of Psychoanalysis*, 171–176. Chicago: University of Chicago Press, 1994.

yang dirindukan dan hanya mengingat perasaan rindunya, dan bentuk hantu wanita Belanda berbaju putih yang sekedar menjadi sisa gambaran kolektif yang samar tentang masa lalu.

CERITA HANTU 02: HANTU MASA LALU KOLEKTIF
"Lucu melihat orang-orang di sekitar sini melihat sosok orang Belanda, bukan hantu tentara Jepang. Seseorang yang benar-benar dapat melihat hantu akan melihat banyak hantu tentara Jepang di sekitar sini. Meskipun demikian, rumah besar yang biasa dilalui wanita Belanda berbaju putih itu pada sore hari adalah dunia paralel yang berbeda. Jika kamu berkunjung ke rumah tersebut di sore hari, sebenarnya rumah itu adalah salah satu gerbang menuju kerajaan mistis Gunung Merapi. Itulah mengapa rumah itu menjadi rumah paling berhantu di Kaliurang. "

Seorang penasihat spiritual menceritakan kisah ini saat kami memeriksa rumah yang dipilih oleh salah satu seniman 900mdpl — ia secara khusus meminta rumah paling berhantu di Kaliurang untuk karya instalasi suaranya. Bagi saya, mengunjungi kembali rumah ini sekarang terasa seperti mengunjungi kembali teman lama atau membuka kapsul waktu. Setidaknya membutuhkan waktu satu tahun untuk kami dapat memutus-

edge, untold history, and unspeakable truth. This could be the case of both Lowery's ghost, who forgot the subject and remembers only the longing, and for the Dutch lady in white, who became a vague leftover image of a collective past.

GHOST STORY 02: GHOST OF COLLECTIVE PAST
"Funny how people around here see Dutch-person phantoms instead of ghosts of Japanese soldiers. Someone who can really see ghosts would see a lot of Japanese soldier ghosts around here. But that big house the Dutch lady in white usually walks towards in the afternoon is of a different parallel world. If you visit the house in the afternoon, it is actually one of the main portals to the mystical kingdom of Mount Merapi. That is why it becomes the most haunted house in Kaliurang."

A spiritual advisor told us this story as we were checking out the house chosen by one of 900mdpl's artists who specifically requested for the most haunted house in Kaliurang for his sound installation. For me, revisiting this house now feels like revisiting an old friend or like opening a time capsule. It took us a year to decide on the route for the 2nd edition

kan rute yang akan digunakan untuk edisi ke-2 (2019) 900mdpl[5], sebuah proyek seni *site-specific* dua tahunan yang menawarkan ruang dan kemungkinan sebagai upaya pelestarian serta transmisi memori lintas generasi. Situs yang dipilih mengandung cerita, hantu-hantunya, dan sejarah — yang kemudian dijalin bersama dengan berjalan kaki. Proses pembuatan pameran ini menyerupai pembuatan antologi cerpen yang dapat dinikmati langsung dengan cara berjalan kaki. Saya bersikeras untuk mengikuti jejak yang sangat saya kenal sejak kecil. Sebuah rute yang membuat saya melamun tentang masa lalu. Kali ini, dengan pertanyaan yang lebih spesifik: bagaimana sebuah desa kecil di lereng gunung berapi menjadi saksi sejarah besar Indonesia? Judul edisi kedua: "*900mdpl: Hantu-Hantu Seribu Percakapan*" [900mdpl: Ghosts of a Thousand Conversations] mengacu pada metode penelitian yang melibatkan percakapan-percakapan dengan anggota masyarakat yang dituakan di sekitar desa, dengan berpusat pada hal-hal yang terjadi di Kaliurang secara bersamaan dengan linimasa sejarah Indonesia yang lebih besar.

5 900mdpl adalah sebuah proyek seni site-specific dua tahunan di Kaliurang yang berupaya secara aktif untuk menciptakan arsip ruang melalui ingatan orang-orang. Edisi pertama (2017) menjadi perwujudan 'potret keluarga' komunitas dan area hidupnya. Edisi kedua (2019) adalah sebuah usaha untuk menandai desa kecil ini dalam pemetaan sejarah besar Indonesia. Edisi ketiga (2021) akan menilik hubungan antara mitologi dan kearifan lokal serta bagaimana hal tersebut mempengaruhi kelestarian lingkungan hidup di area tersebut. (www.900mdpl.com)

Sosok 'hantu' dipilih sebagai metafora atau alat yang telah digunakan sepanjang sejarah untuk menormalisasi hal-hal yang belum dipahami, seperti suara para penyintas yang tidak terdengar, trauma yang tak terungkap, banyaknya temporalitas yang tetap hadir sebagai gema masa lalu, dan fantasma yang meng-

gbr. 13
fig. 13

hantui bangunan-bangunan. Pameran ini tersebar di sekitar lokasi bungalow kolonial tua, yang dapat dilihat sebagai perwujudan solid atas cerita samar dari era yang berbeda di masa lalu. Dalam situs-situs ini, hantu menjadi perwujudan samar dari persoalan yang belum terselesaikan — ada, namun tak sepenuhnya hadir. Hantu tidak selalu dimanifestasikan sejalan dengan pemahaman tradisional, dan sebaliknya ia bergerak bebas dalam temporalitas lain dan melalui persepsi memori pribadi yang berbeda, seperti fantasma. Sedikitnya jejak fisik penjajahan Jepang dari tahun 1942–1945 barangkali menjadi penyebab hantu tentara Jepang pada era ini tidak tampak di mata masyarakat setempat, berbeda dengan bangunan kolonial Belanda yang telah menjadi bagian yang tertanam sebagai warisan ingatan di Kaliurang dan dianggap oleh penduduk setempat sebagai monumen memori kolektif. Jadi, bahkan setelah 75 tahun kemerdekaan, hantu wanita Belanda berbaju putih masih terus menghantui dalam berbagai aktivitas keseharian di lingkungan itu.

Ini adalah pertama kalinya kami berkonsultasi dengan penasehat spiritual dalam rangka penilaian risiko dan pendampingan pengelolaan lokasi terkait dengan kawasan angker di Kaliurang. Penasihat spiritual bertindak sebagai perantara, pembawa pesan, 'orang pintar' yang melakukan pemeriksaan akhir di setiap lokasi pameran untuk memberi tahu kami tempat mana yang 'tidak

(2019) of 900mdpl[5], a biennial site-specific art project that offers space for possibilities while assisting in the preservation and transmission of transgenerational memory. The sites chosen contained the story, the ghost, and the history — which would later be weaved together through a walk. The process of making the exhibition was much like making an anthology of short stories that could be experienced firsthand by walking. I insisted on following the trail I am so familiar with from my childhood. A route that made me daydream of the past. This time, with a more specific question in mind: how does a small village on the slope of a volcano bear witness to the history of Indonesia? The title of the second edition: *"900mdpl: Hantu-Hantu Seribu Percakapan"* [900mdpl: Ghosts of a Thousand Conversations] refers to the research method using many conversations around the village with elder members of the society, focusing on what happened in Kaliurang during the timeline of the bigger historical moments of Indonesia.

The 'ghost' was chosen as a metaphor or tool that has been used throughout history to normalize things that are yet to be understood, such as unheard voices of survivors, untold traumas, multitudes of temporalities that remain as an echo of the past, and phantoms that haunt buildings. The exhibition was scattered around the site of the old colonial bungalows,

5 900mdpl is a biennial site-specific project in Kaliurang created as an active attempt to archive the space through memories of the people. The first edition was held in 2017 as a 'family portrait' of the community and their living space. The second edition (2019) was an attempt to pinpoint the small village within the map of Indonesia's bigger history. The third edition (2021) will look upon the relationship between mythology and local wisdom on how it affects the environmental sustainability of the area. | *Asriningtyas, Mira. "900mdpl." 900mdpl. Accessed August 17, 2020. http://www.900mdpl.com/.*

bersih' dan harus dihindari dengan cara apa pun, dan tempat mana yang dapat digunakan namun dengan persyaratan tertentu. Penasihat spiritual tersebut meminta izin dari 'tetangga' kami yang lain, penghuni tak terlihat dari bangunan kolonial tua. Dengan meminta izin dari mereka, kami memastikan bahwa tidak akan ada masalah selama durasi pameran. Rentang masalah yang mungkin hadir karena perizinan ini bisa jadi sangat teknis. Misalnya, pada suatu waktu, tiba-tiba suara setiap TV yang kami gunakan di salah satu rumah rusak dan berhenti berbunyi. Baru setelah kami meminta 'izin' dengan cara yang tepat, semua TV mulai berfungsi kembali. Penasihat spiritual juga mempertimbangkan risiko kerusakan mental dan fisik yang mungkin dialami seniman dan penonton. Pertimbangan ini digunakan sebagai bagian dari perancangan dan manajemen pameran. Ini mungkin tampak tidak biasa, tetapi perlu untuk dilakukan. Meminta izin sebelum memasuki rumah atau menggunakan kamar dapat dilihat sebagai tata cara umum dalam hubungan antara tamu dan penghuni rumah, baik jika penghuni rumah tersebut terlihat atau tidak. Pada edisi pertama 900mdpl (2017), tata cara ini sempat menimbulkan kebingungan bagi salah satu seniman asal Belanda yang tidak memahami terjemahan subteks saat ia meminta izin untuk mengambil sekarung semen yang mengeras akibat terlintasi material panas saat letusan Gunung

which can be seen as the solid manifestation of the opaque stories of a different era in the past. Within these sites, ghosts become the opaque embodiment of an unfinished business that was there but not fully present. Ghosts were not necessarily manifested in line with traditional historical conceptions, and instead moved around in another temporality and through different perceptions of personal memory, just like a phantom. The lack of a physical trace of the Japanese occupation from 1942 – 1945 is probably why the ghosts of Japanese soldiers from this era are not visible in the eyes of the locals, unlike the Dutch colonial buildings that have become an embedded part of Kaliurang's memorial heritage and are perceived by the locals as monuments of collective memory. Thus, even after 75 years of independence, the phantom of a Dutch lady in white still haunts the neighborhood's collective experience.

It was the first time we had consulted a spiritual advisor for a risk assessment and assistance in location management in relation to haunted areas in Kaliurang. The spiritual advisor acted as the in-betweener, the messenger, the wood-spirit shaman who did a final check on the exhibition site and told us which 'unclean' places should be avoided at all cost, and which ones could be used under certain conditions. The spiritual advisor

Merapi 2010. Seniman tersebut tidak mendapatkan jawaban ya / tidak yang jelas tetapi malah mendapat cerita tentang seniman Jepang yang mengukir batu meskipun sudah mendapatkan peringatan dari penduduk setempat dan berakhir dengan nasib buruk. Ceritanya cukup samar, namun bernuansa peringatan yang kuat. Penduduk setempat percaya bahwa batu atau benda lain yang menyerupai batu, yang terbawa arus material piroklastik dari Gunung Merapi dianggap 'dihuni' oleh roh dan oleh karena itu lebih baik tidak diusik. Tidak seperti hantu atau fantasma pada umumnya yang dimunculkan oleh pikiran manusia, roh adalah makhluk supernatural yang memiliki kekuatan dan otonominya sendiri. Merupakan sebuah aturan dimana seseorang tidak dapat mengganggu atau berbicara tentang roh langsung di depan mereka, jadi jawaban ya / tidak tak pernah dijelaskan tepat di lokasi. Pada akhirnya, sang seniman meninggalkan karung semen itu tepat di tempatnya, dan semuanya berjalan dengan baik.

CERITA HANTU 03: GENEALOGI HANTU

"Saya berumur sekitar tiga belas tahun ketika saya menuruni anak tangga di dekat pohon beringin besar di dekat taman Kaliurang. Hari mulai gelap dan saya berjalan sendirian ketika tiba-tiba saya merasa ingin buang air kecil. Saya pun melakukannya saat itu juga. Tepat di tengah

asked for permission from our other 'neighbor', the invisible resident of the old colonial buildings. By asking their permission, we were making sure that there wouldn't be any problems for the duration of the show. The range of problems here can be very technically-oriented. For example, one time suddenly the sounds of every single TV set that we played in a particular house stopped working. It was not until we asked for proper 'permission' that all the TV's began working again. The spiritual advisor also took the risk of the mental and physical harm of the artists and audiences into consideration. His considerations were used as part of the exhibition design and management. It might seem unusual, but it was necessary. To ask for permission before entering a house or using a room can be seen as common courtesy in the relationship between a guest and a home resident, whether or not you can see them. On the first edition of 900mdpl (2017), this courtesy caused confusion to one of the Dutch artists who became lost in a subtext translation when asking for permission to take a sack of concrete that was petrified when a lava dome disintegrated and destroyed thirteen neighboring villages east of Kaliurang in the 2010 Mount Merapi eruption. The artist did not get a clear yes/no answer but instead got a story of a Japanese artist who carved a stone despite local's warning and ended up in

tangga. Tepat sebelum saya selesai, makhluk hitam besar muncul di hadapan saya. Dia sangat besar, dengan ketinggian sekitar 5 meter dan dia bergerak dengan cara yang terasa mengancam bagi saya. Itu adalah peringatan yang tegas. Pohon beringin tersebut pohon yang sakral. Saya meneriakkan permintaan maaf saya dan bahkan tidak sempat menutup celana saat saya lari menyelamatkan diri "

Dalam salah satu 'seribu percakapan' yang kami lakukan, seorang sesepuh masyarakat di Kaliurang menceritakan kisah ini kepada kami. Dia memberi daftar tempat-tempat angker dan keramat di sekitar Kaliurang. Seseorang dapat mengunjungi tempat-tempat berhantu dan menggunakannya dengan risiko yang akan ditanggungnya sendiri. Sedangkan untuk tempat-tempat sakral, hal terbaik yang dapat dilakukan adalah tidak mengusiknya sama sekali kecuali Anda tahu persis bagaimana cara bersikap di area tersebut. Aturannya cukup rumit dan terselip di balik kode-kode yang subtil. Apa yang sesepuh tadi temui saat itu bukan sekedar hantu melainkan sesuatu yang memiliki peran yang lebih tinggi dan kekuatan yang lebih kuat. Makhluk tersebut mungkin *dhanyang* atau roh pelindung pohon.

Untuk memahami kompleksitas hantu/ makhluk halus di sekitar Kaliurang terlebih dahulu perlu diperhatikan bahwa

terrible fate. The story was opaque, yet nuanced with warning. The locals believe that any rock or petrified item passed by the mudflow of pyroclastic materials from Mount Merapi is considered 'inhabited' by spirits and is therefore better to be left undisturbed. Unlike general ghosts or phantoms invented by the human mind, a spirit is a supernatural being with its own power and autonomy. It is courtesy that one cannot either disturb nor speak of the spirits directly in front of them, so the yes/no answer was never made clear on site. In the end, the artist left the sack of concrete exactly where she found it, and everything went well.

GHOST STORY 03: GENEALOGY OF GHOST

"I was about thirteen when I walked down the stairs by the big banyan tree near Kaliurang park. It was getting dark and I walked alone when suddenly I felt like I really needed to pee. So, I did. Right there on the stairs, mid flight. And just before I finished, a huge black creature appeared in front of me. He was so big, around 5 meters tall and he moved in a manner that felt threatening to me. It was a stern warning. The banyan tree is sacred. I yelled my apology and did not even bother zipping my pants — I ran for my life"

pengetahuan ontologis telah lama melekat dan hadir dalam kosmologi Jawa, khususnya di Yogyakarta. Bentuk kearifan lokal dan tradisi yang berakar pada ajaran Hindu dan animisme ini terus hidup berdampingan dengan nilai-nilai Islam khususnya di desa-desa yang lebih dekat dengan Gunung Merapi. Tidak hanya terdapat genealogi dan silsilah asal mula hantu-hantu tersebut; namun juga terdapat kekhususan situs dimana hantu-hantu tersebut berada. Menyebut makhluk bukan-manusia yang tidak terlihat dengan sebutan sebagai 'hantu' saja merupakan bentuk penyederhanaan; padahal 'tetangga' non-manusia kita ini secara lokal memiliki banyak nama, asal, sejarah, dan keluarga. Antropolog Lucas Sasongko mengelompokkan hantu / makhluk halus yang ada di sekitar Gunung Merapi setidaknya menjadi tiga jenis[6]:

1. Leluhur [nenek moyang] yang berasal dari jiwa manusia yang telah meninggal.
   Diceritakan bahwa ketika seseorang meninggal, roh mereka akan melayang di atas rumah selama 40 hari. Mereka yang selama hidup berbuat baik akan memasuki surga tempat penyucian sebagai 'Pepundhen' dan menjadi pelindung anggota keluarga yang masih hidup. Mereka yang semasa hidupnya berbuat jahat akan terus melayang tanpa tujuan dan akhirnya beru-

6 Sasongko, Lucas. "Kepercayaan Terhadap Gunung Merapi." In *Manusia Jawa Dan Merapi*, 54-60. Yogyakarta: Gajah Mada University Press, 1991.

In one of our 'thousand conversations', an elder member of the society in Kaliurang told us this story. He gave us a list of haunted and sacred places around Kaliurang. One may visit the haunted places and use them at one's own risk. As for the sacred places, it is best to leave them alone unless you know exactly how to behave in these areas. The rules are complex and subtly coded. What he encountered at that time was not just a ghost but something of a higher role and stronger power. It was possibly a deity or protector spirit of the tree. To understand the complexity of the ghosts/spirits around Kaliurang first it is important to note the inherent ontological knowledge present in Javanese cosmology, especially in Yogyakarta. This form of local knowledge and tradition is rooted in Hinduism and animism and continues to coexist with Islamic values especially in villages closer to Mount Merapi. Not only is there a genealogy of ghosts; there is a site-specificity to it too. It would be an overly simplistic to call the invisible non-human as merely a 'ghost' when locally there are many names, origins, histories, and families to our non-human neighbor. Anthropologist Lucas Sasongko categorized the ghosts/spirits that are present around Mt.Merapi into at least three types[6]:

6 Sasongko, Lucas. „Kepercayaan Terhadap Gunung Merapi." In *Manusia Jawa Dan Merapi*, 54-60. Yogyakarta: Gajah Mada University Press, 1991.

bah menjadi 'lelembut' yang tinggal di dalam pohon, rumah, atau sembarang batu.

2. Dhanyang
   Dhanyang adalah jenis roh yang lebih kuat dengan karakteristik istimewa yang biasanya melindungi sumber daya alam. Mereka baik hati, suka menolong, kuat, dan bersifat melindungi. Mereka memastikan sumber daya alam tidak akan pernah habis selama manusia dapat berperilaku hormat terhadap ruang sakral tersebut. Ada hal-hal yang tabu dan tata cara khusus terkait bagaimana berperilaku di sekitar mereka karena Dhanyang akan menghukum orang yang tamak, salah bersikap, atau nakal. Bencana alam kerap disebabkan oleh kemarahan para dhanyang.

3. Lelembut (Hantu)
   Lelembut berada dalam tingkat terendah dari semua makhluk halus. Lelembut adalah roh jahat yang nakal. Ada banyak jenis 'lelembut' di kawasan Gunung Merapi. 'Lelembut' sering digunakan dalam dongeng sebagai peringatan untuk anak-anak. Cerita tentang kekuatan jahat juga kerap bermunculan di sekitar tempat-tempat yang sering terjadi kecelakaan, agar orang-orang lebih berhati-hati di sekitar area tersebut.

1. Leluhur [ancestors] that originate from human souls after they die.
It is said that when a person dies, their soul will be hovering above the house for 40 days as a spirit. Those who were good during their lifetime will enter a purgatory heaven as '*Pepundhen*' and become a protector of the living members of the family. Those who were bad during their lifetime will continue to drift aimlessly and eventually be downgraded as '*lelembut*' residing inside a random tree, house, or stone.

2. Dhanyang [deities]
Dhanyang is a more powerful type of spirit with divine characteristics that usually rule over natural resources. They are kind, helpful, powerful, and protecting. They ensure natural resources will never run out as long as humans behave respectfully towards the enchanted space. There are taboos and cultural rules as to how to behave around them as *Dhanyang* will punish people who are greedy, misbehaved, or mischievous. Natural disaster can be considered the doing of an angry God/deity.

3. Lelembut [ghost]
The *Lelembut* rank is the lowest level of all spirits. Lelembut is a mischie-

Klasifikasi terperinci atas hantu / makluk halus semacam ini juga dikenal dalam konteks lain. Misalnya, di Jepang — jenis 'dhanyang' dalam mitologi Jawa dikenal sebagai *'kami'* di sana; sedangkan 'lelembut' hadir di budaya Jepang dengan nama *'yōkai'* dan *'yūrei'*. Budaya ini berakar pada Shinto, politeisme asal Jepang yang percaya bahwa segala sesuatu di alam memiliki esensi dan jiwa yang hidup, serta memiliki berbagai kekuasaan dan peran. Di Barat, genealogi hantu atau makhluk halus juga hadir di tempat-tempat dengan kekuatan alam yang kuat, tidak terprediksi, dan seringkali merusak. Misalnya, mitologi politeis Celtic yang ada di Irlandia pada masa pra-Kristen atau *huldufolks* di Islandia dan Kepulauan Faroe. Meskipun demikian, di Indonesia saat ini, berbagai jenis makhluk halus dan nama spesifiknya bisa saja dikenali, tetapi untuk kemudian menyembah roh dan berbagai dewa yang berbeda bisa dianggap penistaan baik dalam agama Islam maupun agama monoteis lainnya. Itulah mengapa mitos terkait "makhluk halus" ini diturunkan hanya dalam bentuk tradisi lisan melalui cerita pengantar tidur dan dongeng saja. Aturan tentang bagaimana berperilaku di sekitar situs keramat juga sangat terikat pada setiap lokasi dan terwujud dalam kearifan lokal.

vous bad-natured spirit. There are many different kinds of *'lelembut'* in the Mount Merapi area. *'Lelembut'* is often used in fables as warnings or in cautionary tales for children. Stories of evil powers are also formed around the places where accidents often happen, in order for people to take extra precautions around these areas.

Detailed classification of ghosts/spirits are also known in other contexts. For instance, in Japan similar types of *'dhanyang'* to those in Javanese mythology are known as *kami*, whilst *'lelembut'* is present in Japanese culture as *yōkai* and *yūrei*. The culture is rooted in Shinto, a Japanese indigenous polytheism believing that everything in nature has a living essence and spirit, ranging in power and roles. In the West, similar genealogies of ghosts or spirits are also present in places where the force of nature is strong, unpredictable, and often destructive. For example, the Celtic polytheist mythology that existed in pre-Christian Ireland or the huldufolks in Iceland and the Faroe Islands. In Indonesia, recognizing different types of spirits and their specific names is one thing, but to actually worship the deities and many different Gods is considered blasphemous both in Islamic and other monotheist religions. That is why myths about these "other

7 Montague, Brendan. "The Islands and the Whales." The Ecologist. March 28, 2018. Accessed July 22, 2020. https://theecologist.org/2018/mar/28/islands-and-whales-deeply-enchanting-film.

CERITA HANTU 04:
HIDUP BERDAMPINGAN DENGAN HANTU

"Di tahun 90-an, saya ingat sering mendengarkan program kisah hantu di radio, dan Kaliurang adalah salah satu tempat penampakan hantu yang sering disebutkan. Orang biasanya memilih pulang sebelum matahari terbenam atau bermalam di salah satu bungalow di Kaliurang. Risiko pertemuan yang tidak diinginkan dalam perjalanan kembali ke kota cukup tinggi. Namun jalan menuju Kaliurang sekarang tidak semenakutkan jaman dulu. Roh-roh itu takut pada manusia. "

Seorang teman dari kota menceritakan kisah itu kepada kami. Ia mengalami situasi yang berbeda di tahun 90-an, saat Kaliurang masih terkenal sebagai salah satu kawasan paling angker di Yogyakarta. Saat itu, terdapat banyak sudut gelap dan area tak berpenghuni di sepanjang jalan. Ibu saya teringat pada tahun 70-an, ketika masih kuliah di salah satu Universitas di Yogyakarta, ia menghindari jalan Gejayan karena tidak ada penerangan, sedangkan di desa dan rumah keluarganya yang berada di Kaliurang sudah terang dan dilengkapi jaringan listrik. Namun saat ini, jalan tersebut merupakan salah satu jalan terpadat di kota Yogyakarta. Saat itu, sudut-sudut gelap jalanan dari kota ke

beings" are passed down only in the form of oral tradition through bedtime stories and cautionary tales. Rules on how to behave around sacred sites is also very site-specific and manifests in local wisdom.

GHOST STORY 04: CO-LIVING WITH THE GHOST

"In the 90s, I remember listening to daily horror stories on the radio, and Kaliurang was one of the regular mentioned places for ghost sightings. People would choose to go home before the sun went down or stay the night in one of the bungalows in Kaliurang. The risk of unwanted encounters on the way back to the city was higher. But the way to Kaliurang now is not as haunted as before. The spirits are afraid of humans."

A friend from the city told us the story. He experienced a different time in the 90s, when Kaliurang was still famous for being one of the most haunted areas in Yogyakarta. Back then, there were many dark corners and uninhabited areas along the way. My mom remembered that during the 70s, when she was studying at a University in Yogyakarta, she would avoid going through Gejayan street because it was not lit, despite there being electricity

Kaliurang, merupakan tempat-tempat bahaya di mana makhluk halus dan orang jahat mengintai. Sekarang, tempat-tempat ini tidak berhantu seperti sebelumnya. Pertama, dimulai dengan hadirnya jalan raya. Lalu, lampu dan listrik pun bermunculan.

Pada 1920-an, Belanda meminta izin pada Kesultanan Yogyakarta untuk membuat *hill station* di Kaliurang. Ide mereka untuk desa tersebut dirumuskan dalam cetak biru tata kota kecil — lengkap dengan listrik dan jalan yang menghubungkan kota Yogyakarta ke Kaliurang lihat gbr. 9, hal. 130–131. Seiring waktu, jalan yang menghubungkan Yogyakarta ke Kaliurang (Jalan Kaliurang) menjadi semakin padat; bahkan saat ini telah banyak mini market 24 jam, penjual makanan larut malam dan rumah makan waralaba cepat saji internasional sepanjang jalan. Sebuah hotel modern baru saja dibangun di Kaliurang dengan ketinggian lebih dari lima lantai serta kolam renang di puncak gedung tanpa mempertimbangan kelestarian lingkungan dan krisis sumber daya alam yang terjadi. Hal ini tidak hanya terjadi di Kaliurang atau desa lain di sekitar Gunung Merapi. Di Kepulauan Faroe, kaum *huldufolk* menghilang sekitar tahun 1950-an ketika jalan dan listrik mulai muncul. Seiring dengan lenyapnya *huldufolk*, penghormatan yang telah berjalan sejak dulu atas kekuatan alam pun perlahan-lahan memudar.[7]

7 Montague, Brendan. "The Islands and the Whales." The Ecologist. March 28, 2018. Accessed July 22, 2020. https://theecologist.org/2018/mar/28/islands-and-whales-deeply-enchanting-film.

in her village and family home in Kaliurang. Today however it is one of the busiest streets of the city. At that time, the dark corners of the streets from the city to Kaliurang, were the places where danger lurked from evil spirits and bad people. Today, it is not as haunted as before. First, it started with a road. Then, electricity came.

In the 1920s, the Dutch asked for permission from the Sultanate of Yogyakarta to make a hill station in Kaliurang. Their ideas for the village were formulated in a blueprint of a small city plan — complete with electricity and a road connecting the city of Yogyakarta to Kaliurang see fig. 9, p. 130–131. Over time, the street connecting Yogyakarta to Kaliurang (Jalan Kaliurang) has become busier; today it hosts many 24 hours mini markets, late-night food sellers and international fast-food chains. A new modern hotel was recently built in Kaliurang with more than five floors and a rooftop swimming pool with little to no consideration of environmental sustainability and the natural resource crisis. This is not unique to Kaliurang or other villages around Mt.Merapi. In the Faroe Islands, the huldufolk vanished around the 1950s when the roads and electricity appeared. Along with the disappearance of the huldufolk, the ancient appreciation of the power of nature is slowly fading away.[7]

Di desa tetangga sebelah timur Kaliurang, yang berada lebih dekat dengan kawah Gunung Merapi, terdapat cerita tentang pohon beringin besar yang perlu ditebang dalam rangka pembangunan jalan agar desa tersebut dapat dibangun. Pohon beringin itu sakral dan dihuni oleh roh yang kuat sehingga siapapun yang mencoba menebangnya akan jatuh sakit atau mati. Pengembang yang bertugas dalam pembangunan pun memanggil dukun yang kuat dan memintanya untuk 'memindahkan' roh pohon itu ke tempat lain sehingga mereka dapat memotong pohon dan membangun jalan. Lama kelamaan, lingkungan berubah seiring dengan perluasan desa, yang diikuti oleh krisis air, dan degradasi kondisi lingkungan. Pertumbuhan populasi dan pariwisata pun menjajah ruang hidup makhluk halus dan memaksa mereka pergi. Meskipun banyak tempat keramat di sekitar Gunung Merapi di mana terdapat berbagai dewa yang menguasai sumber daya alam, lambat laun mereka menghilang. Dhanyang, makhluk halus penjaga tanah, dan pelindung alam secara bertahap disingkirkan demi modernitas, pembangunan, dan modal. Dalam kehidupan modern, percaya akan kehadiran makhluk halus ini sering dianggap mempercayai takhayul, tidak modern, non-ilmiah, dan bahkan tidak religius.

Pertanyaannya kemudian, apakah mungkin untuk memperlambat percepatan pembangunan di daerah-daerah ini dengan

At the neighboring village East of Kaliurang, closer to the crater of Mount Merapi, there is a story about a big banyan tree that needed to be cut down in order to make way for a street so that the village could be built there. The banyan tree was enchanted and inhabited by a powerful spirit so anyone who tried to cut it became ill or died. The developer called a powerful shaman and asked him to 'move' the spirit of the tree elsewhere so they could cut the tree and build the street. Not long after the environment changed as the village expanded, followed by a water crisis, and environmental degradation. Population growth and tourism colonized the spirit's spaces and forced them away. Even if there are many sacred places around Mount Merapi with different deities ruling the natural resources, they are gradually disappearing. The Dhanyang, spirits of lands, and protectors of nature are gradually pushed aside for the sake of modernity, development, and capital. In modern life, to believe in the presence of these mythical beings is often considered superstitious, unmodern, non-scientific, and even un-religious.

The question is then if it is possible to slow down overdevelopment of these areas by reviving local wisdoms and mythologies and by bringing the ghosts back to their original haunting sites? This is where the proposal

menghidupkan kembali kearifan lokal dan mitologi — dengan membawa 'hantu' kembali ke situs aslinya? Di sinilah usulan terkait hidup bersama dan bertetangga dengan hantu dimulai. Dengan terus menghormati kepercayaan pada hantu dan roh, dan menganggap situs yang dihuni olehnya sebagai sumber daya alam yang sakral, akan membawa kita menuju konservasi sumber daya alam yang berkelanjutan di daerah tersebut. *Hutan Bingungan* di sisi Barat Daya Merapi adalah contoh yang menarik. Area ini merupakan kawasan hutan sakral yang cukup luas, yang merupakan salah satu area hijau yang tersisa. Hutan ini dianggap sangat sakral dan siapa pun yang masuk akan menjadi bingung dan berpotensi tersesat. Pergi berburu atau mencari rumput di hutan ini dianggap tidak bijaksana karena akan mempertaruhkan nyawa dan keselamatan. Perlu dipahami jika dalam usaha untuk memahami alasan di balik kepercayaan ini, ada kemungkinan untuk kita mereduksi pemaknaan atas kehadiran roh serta pengetahuan dari masa lalu yang begitu asing di dunia modern kita saat ini. Hutan yang belum terjamah hanya akan tetap terjaga selama orang terus percaya pada kesakralannya. Manusia harus berhenti berperilaku seolah-olah mereka memiliki semua tanah beserta alam dan sebaliknya, mereka perlu untuk mulai menyadari akan keberadaan kekuatan tak terlihat, mencoba hidup berdampingan dengan makhluk yang bukan manusia sekali

to co-live with neighboring ghosts begins. By continuing to respect these beliefs in ghosts and spirits, and consider the sites inhabited by deities as sacred natural resources, will we lead the way to sustainable and supportive sources of conservation for the area. *Hutan Bingungan* [the forest of confusion] at the South-West of Merapi is a good example. It's a considerably large area of sacred forests, one of the last green verges. It is considered densely enchanted and anyone who enters becomes confused and potentially lost. To go hunting or foraging for grass is considered unwise as one might risk their life. Yet it must be considered that in trying to understand the reason behind this, we might actually reduce the meaning of the spirits and simplify an ancient knowledge now so foreign to us in the modern world. A virgin forest will only remain untouched as long as people continue to believe in the sacredness of it. Humans must stop behaving as though they own all land and nature and instead start nurturing a consciousness for invisible forces, to try living side-by-side with the non-human once again, and even consider sharing spaces with them. All with the hope that the idea of co-living with non-human inhabitants might encourage humans to, once again, live more sustainably and respectfully towards nature. ¶

lagi, dan bahkan mempertimbangkan untuk berbagi ruang hidup dengan mereka. Semua ini dilakukan dengan harapan agar gagasan hidup berdampingan dengan penduduk non-manusia dapat mendorong manusia untuk, sekali lagi, hidup lebih berkesinambungan dengan menghormati alam. ¶

gbr. 14
fig. 14

fig. 1
Di Antara Dua Gerbang: Ruang Publik di Properti Pribadi, dimana jalan ini mulanya merupakan halaman pribadi yang kemudian difungsikan sebagai jalan untuk umum. Foto oleh Brigita Murti, 2019.

fig. 2
Dalem Jeron Benteng Mangkubumen, kawasan di sekitar Universitas Widya Mataram yang sudah padat penduduk, tersembunyi sebuah kolam renang di belakangnya yang pernah menjadi milik kerajaan. Foto oleh Brigita Murti, 2019.

fig. 3
Hotel Kalioerang, circa 1930 (Perpustakaan Leiden University, Koleksi KITLV, 182506) > Lisensi Creative Commons CC BY

fig. 4
Pegunungan sisi selatan Yogyakarta sewaktu pendakian bersama Dutch-Indies Mountain Sports Association, 1930 (Perpustakaan Leiden University, Koleksi KITLV, A1082) > Lisensi Creative Commons CC BY

fig. 5
M. Hirschel (sisi kiri) bersama temannya di sebuah kolam renang di Kaliurang, 1930 (Perpustakaan Leiden University, Koleksi KITLV, A1082) > Lisensi Creative Commons CC BY

fig. 6
M. Hirschel (sisi kanan) dan temannya yang berasal dari Hongaria menyaksikan pemandangan Kaliurang, 1930 (Perpustakaan Leiden University, Koleksi KITLV, A1082) > Lisensi Creative Commons CC BY

fig. 7
Iklan Hotel Kalioerang, Indische Courant, 24 oktober 1929 (KB, Nationale Bibliotheek, KB C 248)

fig. 8
Lapangan tennis di Kaliurang yang berlokasi di sisi utara Yogyakarta, circa 1939 (Perpustakaan Leiden University, Koleksi KITLV, A1082) > Lisensi Creative Commons CC BY

fig. 9
Rencana pembagian wilayah Kaliurang, 1925. Diterbitkan oleh Dingemans, Gegevens over Djokjakarta, 1925 (Perpustakaan Leiden University, Koleksi KITLV) > creative commons by-nc 3.0

fig. 10
Peta Jogjakarta en omstreken, Topografische Dienst Weltevreden, 1925 (Perpustakaan Leiden University, Koleksi KITLV, A1082) > Lisensi Creative Commons CC BY

fig. 11
Peta Kalioerang, Topografische Dienst Batavia, 1938 (Perpustakaan Leiden University, Koleksi KITLV, D G 29,41) > Lisensi Creative Commons CC BY

fig. 12
Disebut sebagai 'Omah e Babah e Waung' (Rumah seorang kakek dan anjingnya), yang saat ini telah dirobohkan dan berubah menjadi hotel baru. Foto oleh Mira Asriningtyas, 2013.

fig. 13
Ndalem Prawirosemitan: Salah satu rumah kembar yang berlokasi di Kaliurang, dan di pusat kota Yogyakarta. Foto oleh Mira Asriningtyas, 2013.

fig. 14
Pesanggrahan Sarjanawiyata Tamansiswa, disebut sebagai rumah paling angker di Kaliurang, yang berada tepat di bawah Bukit Plawangan – Konon merupakan salah satu gerbang mistis menuju Kerajaan Gunung Merapi. Foto oleh Mira Asriningtyas, 2013.

fig. 1
Between the Two Gates: Public Space in Private Property, where the road was originally a private courtyard which later functioned as an alley for the public. Photo by Brigita Murti, 2019

fig. 2
Dalem Jeron Benteng Mangkubumen, the area around Widya Mataram University which is already densely populated, hidden a swimming pool behind it, which was once owned by the royal. Photo by Brigita Murti, 2019.

fig. 3
Hotel Kalioerang, circa 1930 (Leiden University Libraries, Collection KITLV, 182506) > Creative Commons CC BY License

fig. 4
Southern Mountains in the surroundings of Yogyakarta during a hike with the Dutch-Indies Mountain Sports Association, 1930 (Leiden University Libraries, Collection KITLV, A1082) > Creative Commons CC BY License

fig. 5
M. Hirschel (on the left) with his friends in the swimming pool at Kaliurang, 1930 (Leiden University Libraries, Collection KITLV, A1082) > Creative Commons CC BY License

fig. 6
M. Hirschel (on the right) and his Hungarian friend looking out over Kaliurang, 1930 (Leiden University Libraries, Collection KITLV, A1082) > Creative Commons CC BY License

fig. 7
Advertisement Hotel Kalioerang, Indische Courant, 24 oktober 1929 (KB, Nationale Bibliotheek, KB C 248)

fig. 8
Tennis courts in Kaliurang north of Yogyakarta, circa 1939 (Leiden University Libraries, Collection KITLV, A642) > Creative Commons CC BY License

fig. 9
Allotment plan of Kaliurang, 1925. Published in Dingemans, Gegevens over Djokjakarta, 1925 (Leiden University Libraries, Colonial Collection KIT) > creative commons by-nc 3.0.

fig. 10
Map of Jogjakarta en omstreken, Topografische Dienst Weltevreden, 1925 (Leiden University Libraries, Collection KIT) > Creative Commons CC BY License

fig. 11
Map of Kalioerang, Topografische Dienst Batavia, 1938 (Leiden University, Collection KITLV, D G 29,41) > Creative Commons CC BY License

fig. 12
Nicknamed 'Omah e Babah e Waung' (house of the grandpa and his dog), now demolished and turned into a brand new hotel. Photo by Mira Asriningtyas, 2013.

fig. 13
Ndalem Prawirosemitan: one of the twin houses located in Kaliurang and in the city center of Yogyakarta. Photo by Mira Asriningtyas, 2013.

fig. 14
Pesanggrahan Sarjanawiyata Tamansiswa, dubbed as the most haunted house in Kaliurang, located just below the Plawangan Hill – a mythical doorway to Mt.Merapi kingdom. Photo by Mira Asriningtyas, 2013.

Onomatopee Z0025

Hal-Hal yang
Dikatakan oleh Bungalow

ISBN: 978-9-49314-850-5

Teks:
Mira Asriningtyas,
Paoletta Holst,
Brigita Murti

Penyunting:
Amy Gowen, Paoletta Holst

Esai Foto:
Paoletta Holst

Peta dan rancangan bungalow:
Paoletta Holst; berdasarkan penelitian lapangan, google maps, dan sketsa yang dibuat oleh Angelica Hedy Andani dalam: Strategi Pelestarian Bangunan Kolonial di Kaliurang, 2011

Riset:
Mira Asriningtyas,
Paoletta Holst,
Brigita Murti

Penerjemah:
Dito Yuwono

Tata Letak:
Studio Bramesfeld

Font:
Frasa oleh Yokotype Foundry (Indonesia)
Neue Haas Grotesk Text Pro oleh Monotype

Mesin Cetak:
Printon, Estonia

Kertas:
UPM Sol Mat, 80g/m^2
Paper: Munken Print White 15, 90g/m^2
Natural Strongboard 265g/m^2

Terima kasih kepada:
Rahma Azizah, Anggara Daniawan, Arizona Firdonsyah, Gunawan, Freek Lomme, Kianoosh Motallebi, Emma van der Put, Budi Rahayu, Rob Ritzen, Timmy van Zoelen

Merupakan hasil kerjasama:
900mdpl
Marinus Plantema Foundation
Onomatopee

Onomatopee Z0025

What Bungalows Can Tell

ISBN: 978-9-49314-850-5

Text:
Mira Asriningtyas,
Paoletta Holst,
Brigita Murti

Text editing:
Amy Gowen,
Paoletta Holst

Photo essay:
Paoletta Holst

Map and bungalow plans:
Paoletta Holst; based on field research, google maps and sketches made by Angelica Hedy Andani in: *Strategi Pelestarian Bangunan Kolonial di Kaliurang,* 2011

Research:
Mira Asriningtyas,
Paoletta Holst,
Brigita Murti

Indonesian translation:
Dito Yuwono

Graphic design:
Studio Bramesfeld

Font:
Frasa by Tokotype Foundry (Indonesia)
Neue Haas Grotesk Text Pro by Monotype.

Printer:
Printon, Estonia

Paper:
UPM Sol Mat, 80g/m^2
Paper: Munken Print White 15, 90g/m^2
Natural Strongboard 265g/m^2

Thanks to:
Rahma Azizah, Anggara Dani-awan, Arizona Firdonsyah, Gunawan, Freek Lomme, Kianoosh Motallebi, Emma van der Put, Budi Rahayu, Rob Ritzen, Timmy van Zoelen

Made possible by:
900mdpl,
Marinus Plantema Foundation,
Onomatopee